Schriftenreihe „Filmstudien"

herausgegeben von
Prof. Dr. Oksana Bulgakowa und Prof. Dr. Norbert Grob

Die Reihe wurde von
Prof. Dr. phil. Thomas Koebner begründet.

Band 78

Simon Born

Die Marx Brothers und die Commedia dell'arte

Nomos
Edition Reinhard Fischer

Die Deutsche Nationalbibliothek verzeichnet diese Publikation in der Deutschen Nationalbibliografie; detaillierte bibliografische Daten sind im Internet über http://dnb.d-nb.de abrufbar.

ISBN 978-3-8487-5012-2 (Print)

ISBN 978-3-8452-9263-2 (ePDF)

Bis Band 61 bei Gardez! Verlag Michael Itschert erschienen mit Ausnahme der Bände 57 und 60.

1. Auflage 2019

Inhaltsverzeichnis

Abkürzungsverzeichnis   7

1. Einleitung   9

2. Commedia dell'arte revisited? Vom American Vaudeville zum
    frühen Tonfilm   19

2.1 Arbeitsbegriff „Commedia"   26
2.2 Die Bezüge zur Commedia dell'arte in der Aufführungspraxis des
    American Vaudevilles   31
2.3 Das Leben als Wandertruppe – Die Marx Brothers im American
    Vaudeville   36

3. Die Filme der Marx Brothers   47

3.1 „Just four Jews trying to get a laugh": Die Komik der Marx
    Brothers   56
3.2 Comedian comedy und anarchistic comedy: Zwei Annäherungen   70

4. Die Marx Brothers und die Commedia dell'arte   81

4.1 Groucho, Chico, Harpo and sometimes Zeppo: Die Masken der
    Marx Brothers   82
    4.1.1 Groucho – Der Alte   94
    4.1.2 Chico und Harpo – Zwei Diener   105
    4.1.3 Zeppo – Ein Verliebter?   118
4.2 Das Spiel der Marx Brothers   121
    4.2.1 Comedy all'improvviso   125
    4.2.2 *Lazzi*: Die Comedy-Routinen der Marx Brothers   132
4.3 Zanies in a Stage-Movieland: Die Marx Brothers und das aldilà
    teatrale   145

5. Schlussbetrachtung 157

6. Literaturverzeichnis 163

7. Filmverzeichnis 171

Abkürzungsverzeichnis

Abb.	Abbildung
bzw.	beziehungsweise
D	Deutschland
d.h.	das heißt
Ebd.	Ebenda
etc.	et cetera
F	Frankreich
f./ff.	folgende Seite(n)
R	Regie
S.	Seite
u.a.	unter anderem
UK	Großbritannien
USA	Vereinige Staaten
usw.	und so weiter
Vgl.	Vergleiche

1. Einleitung

Abb.1: Vor ihnen ist nichts heilig: Eine Kriegserklärung wird bei den Marx Brothers zur musikalischen Farce in DUCK SOUP *(*DIE MARX BROTHERS IM KRIEG, *USA 1933, R: Leo McCarey). DVD-Screenshot.*

„Die Marx Brothers schufen eine Tradition der Commedia dell'Arte, die sich im Milieu der Wolkenkratzer angesiedelt hatte."
– Marcel Marceau[1]

„The only tradition in our family was our lack of tradition."
– Harpo Marx[2]

---

1   Zitiert in Nolden 2002, S. 44.
2   Marx/Barber 1989, S. 24.

Mit insgesamt dreizehn Filmen etablierten sich die Marx Brothers zwischen 1929 und 1949 als eines der bekanntesten Comedy-Teams des 20. Jahrhunderts. Ihr anarchistischer Witz traf in das Herz eines krisengebeutelten Amerikas und fand in den sich herausbildenden Avantgardebewegungen Europas reichen Anklang. „Whatever it is, I'm against it!" singt Groucho als College-Professor Quincy Adams Wagstaff in HORSE FEATHERS (BLÜHENDER BLÖDSINN, USA 1932, R: Norman Z. McLeod) und formulierte damit das Motto der Brüder, vor deren destruktivem Witz keine Institution sicher war. Das chaotische Finale aus A NIGHT AT THE OPERA (DIE MARX BROTHERS IN DER OPER, USA 1935, R: Sam Wood) degradiert die erhabene Bastion des Bildungsbürgertums zum wilden Zirkus, in DUCK SOUP gerät der ganze Politapparat samt seiner Kriegstreiberei zur Lachnummer (siehe Abb. 1). Humor war für die Marxens eine Waffe, mit der sie auf ihrem komischen Kreuzzug die Fassaden der Gesellschaft einrissen: „The team are the heroes of everyone who has suffered from other people's hypocrisy, pedantism, and patronage."[3] Wie es die Ironie will, wurden die Marx Brothers gerade von denen verehrt, über die sie in ihren Filmen herzogen. Die intellektuelle High Society New Yorks nahm Harpo in ihren Kreisen auf, der sich bald mit Millionären wie Medienmogul William Randolph Hearst abgab und das Bein von King Edward VIII. schütteln durfte.[4] Die Widersprüchlichkeit war Ausdruck der einzigartigen Rolle, welche die Marx Brothers innerhalb des Hollywood-Starsystems einnahmen: „They attack bourgeois sensibilities and all types of pretensions, and, doing so, enables them to buy California mansions and become Hollywood figures."[5]

Komik war für die Brüder vor allem ein Handwerk. Groucho, Harpo, Chico und manchmal Zeppo – Die festen Figuren der Marx Brothers waren das Ergebnis von mehr als 20 Jahren Bühnenpraxis im American Vaudeville: Julius Henry Marx (1890-1977) mimte Groucho, einen schnellsprechenden Schwindler mit aufgemaltem Schnurrbart, Brille und Zigarre, der in seinen scharfzüngigen Wortverdrehungen das Establishment mit ih-

---

3   Eyles 1973, S. 7.
4   Marx/Barber 1989, S. 383. Harpo wurde laut eigenen Angaben vom damaligen englischen König zu einem Empfang eingeladen, bei dem ihm Edward VIII. statt die Hand das Bein hinhielt. Die Geste war ein Markenzeichen von Harpo.
5   Mills 2007, S. 1.

ren eigenen Waffen schlug: „Oh, I know it's a penny here and a penny there, but look at me. I worked myself up from nothing to a state of extreme poverty." (MONKEY BUSINESS [DIE MARX BROTHERS AUF SEE], USA 1931, R: Norman Z. McLeod). Als stummer Harpo überließ Adolph (später Arthur, 1888-1964) seinen Brüdern das Reden und konzentrierte sich auf visuelle Komik. Seine Figur war ein Tramp mit langem Mantel und lockiger Perücke, so unschuldig und grausam wie ein Kind. Er pflegte ein besonderes Verhältnis zur materiellen Welt, die er mit seinem Zauber beseelte. Leonard Marx (1887-1961) gab mit Chico den gerissenen, aber naiven Kleinganoven mit spitzem Hut, dessen italienischer Akzent ebenso echt wirkte wie Grouchos Schnurrbart. Dreistigkeit ist seine Überlebensstrategie. Als er in DUCK SOUP den Unmut von Staatschef Groucho auf sich zieht und von ihm gefragt wird, ob er zu einem öffentlichen Ärgernis werden wolle, antwortet Chico: „Sure. How much does the job pay?" Der jüngste Bruder Herbert Manfred (1901-1979) war Zeppo, der blasse *straight man* im Hintergrund und gelegentlicher Verliebter im romantischen Subplot. Neben den strahlenden Persönlichkeiten seiner Brüder konnte er seinen Charakter nie ganz ausbauen und verließ die Truppe nach fünf Filmen. Gemeinsam verkörperten sie Variationen des US-amerikanischen Einwanderers, der im Wechselspiel aus Subversion und Anpassung der gesellschaftlichen Ordnung als Außenseiter begegnete.

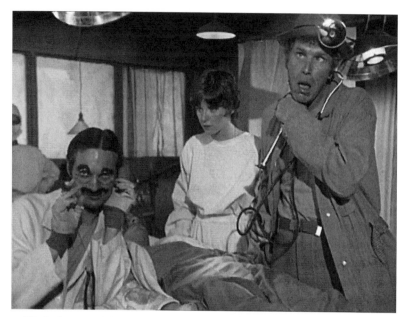

Abb. 2: Die respektlosen Chirurgen Hawkeye (Alan Alda) und Trapper (Wayne Rogers) eifern ihren filmischen Vorbildern nach in M*A*S*H Staffel 1, Episode 6: „Yankee Doodle Doctor" (USA 1972, CBS). DVD-Screenshot.

Abb.3: Bob (Woody Allen) und Steffi (Goldie Hwan) auf einer Groucho-Party in EVERYONE SAYS I LOVE YOU (ALLE SAGEN: I LOVE YOU, *USA 1996, R: Woody Allen). DVD-Screenshot.*

Die Marx Brothers zählen zu Nordamerikas bedeutendsten Tonfilm-Filmkomikern: „Of the talking comics only the Marx Brothers seem to have staying power. Their total and incorrigible outrageousness is universally accessible."[6] Der destruktive Witz der Marxens ist zeitlos, ihre komische Tradition groß. Über den Tod hinaus sind die Brüder durch zahlreiche Referenzen und Imitationen in TV-Serien und Filmen noch heute lebendig. Gags und Pointen der Marx Brothers fanden in erfolgreichen Sitcoms der 1970er Jahre wie ALL IN THE FAMILY (USA 1971-1979, CBS), THE MARY TYLER MOORE SHOW (USA 1970-1977, CBS) oder M*A*S*H (USA 1972-1983, CBS, siehe Abb. 2) ebenso Verwendung wie in den 1990er-Animationsserien TINY TOON ADVENTURES (USA 1990-1992, CBS/Fox Kids) oder ANIMANIACS (USA 1993-1998, Fox Kids/The WB). Der Titel des Action-Thrillers SWORDFISH (PASSWORT: SWORDFISH, USA 2001, R: Dominic Sena) bezieht sich auf die berühmte Passwort-Routine aus HORSE FEATHERS, in der Groucho das Passwort „swordfish" (dt. „Schwertfisch") erraten muss, um von Chico in eine Flüsterkneipe hineingelassen zu werden. Als archetypisches Passwort taucht „swordfish" wiederholt in Serien, Filmen und Büchern auf. In BRAZIL (USA 1985) und TWELVE MONKEYS (12 MONKEYS, USA 1995) verweist *Monty Python*-Mitglied Terry Gilliam auf sein filmisches Erbe, indem er seine Figuren im Fernsehen alte Marx Brothers-Filme sehen lässt. Eine andere Form der Hommage findet sich bei Horrorfilm-Regisseur Rob Zombie, der die Mitglieder seiner mörderischen Firefly-Familie aus HOUSE OF 1000 CORPSES (HAUS DER 1000 LEICHEN, USA 2003) und THE DEVIL'S REJECTS (USA 2005) nach verschiedenen Groucho-Filmcharakteren benannte. Unter den Filmemachern ist es aber vor allem Woody Allen, der seinen großen Vorbildern Groucho, Harpo und Chico regelmäßig Respekt zollt. In der *mockumentary* TAKE THE MONEY AND RUN (WOODY, DER UNGLÜCKSRABE, USA 1969) verhüllen die Eltern des kriminellen Virgil Stockwell (Woody Allen) ihr Gesicht vor der Kamera mit berühmten *Groucho glasses*, schwarze Brillen mit großer Nase, buschigen Augenbrauen und Schnäuzer. Ein zufälliger Kinobesuch von DUCK SOUP lässt die suizidale Hauptfigur aus HANNAH AND HER SISTERS (HANNAH UND IHRE SCHWESTERN, USA 1986) den Sinn des Lebens wie-

---

6   Bayer 1978, S. 66.

derentdecken. In EVERYONE SAYS I LOVE YOU gehen Bob (Woody Allen) und Steffi Dandridge (Goldie Hawn) als Groucho verkleidet auf ein Marx-Brothers-Festival in Paris (siehe Abb. 3). Der Titel des Films bezieht sich auf einen Song aus HORSE FEATHERS. Neben Woody Allen ist der Einfluss der Marx Brothers auch bei anderen Filmkomikern wie Robin Williams, Roberto Benigni, Billy Crystal, Steve Martin, und diversen Ex-Mitgliedern von SATURDAY NIGHT LIVE (USA 1975-?, NBC) zu sehen.[7]

„Je suis Marxiste, tendence Groucho" verkündete ein Graffiti auf einer Mauer in Paris im Jahr 1968. Der Einfluss der Marxens auf die westliche Kultur ist unumstritten. Doch woher bezogen sie ihre Komik? In welcher Tradition standen ihre unverkennbaren Bühnenfiguren?

Die Körperkomik, Comedy-Routinen, Wortspiele, Monologe, und Improvisationskünste der Marx Brothers waren einzigartig. In ihrem komischen Spiel lassen sich allerdings Spuren einer älteren Komödiengattung finden. Ein ausgereiftes Stegreifspiel sowie die auf Stereotypen basierende Typenkomödie setzen die Marx Brothers in Zusammenhang mit der Commedia dell'arte, dem improvisierten Maskentheater professioneller Wandertruppen aus Italien zur Zeit der Renaissance. Auch bekannt als *Commedia all'Italiana* (bezogen auf ihre Herkunft), *Commedia degli Zanni* (bezogen auf ihr festes Figurenrepertoire, vor allen den Dienerfiguren) oder *Commedia a soggetto* (bezogen auf die Handlung ihrer Stücke, die auf skizzenhaften Szenarien basierte), erlebte die Commedia ihre Blütezeit von Ende des 16. Jahrhunderts bis zur Mitte des 18. Jahrhunderts.[8] Das typische Ensemble einer Commedia-Truppe bestand aus den vier Grundmasken der zwei Alten (Vecchi) vertreten durch den heruntergekommenen venezianischen Kaufmann (Pantalone) sowie den quasselnden Gelehrten aus Bologna (Dottore) und den zwei bergamaskischen Dienern (Zanni), unter ihnen der berühmte Arlecchino. Komplettiert wurden die wiederkehrenden Standardrollen durch die maskenlosen Verliebten (Amorosi, oder auch Innamorati) und anderen, kleineren Figuren wie dem prahlerischen spanischen Soldaten (Capitano). Klassischerweise wurden die Figuren zeitlebens von derselben Person gespielt, weswegen die Masken sich von Schauspieler zu Schauspieler in einem permanenten Wandel befanden. Das Theater der Commedia wurde von den Comici als berufsmäßige

---

7   Vgl. Mills 2007, S. 2.
8   Vgl. Mehnert 2003, S. 14 f.

Schauspielkunst ausgeübt. Wolfram Krömer beschreibt seine wesentlichen Prinzipien wie folgt:

1. Die Commedia ist in erster Linie ein Schauspieler- und Ensembletheater, das weder dem Autoren noch dem Text dient.
2. Als Stegreiftheater strebt sie eine szenische Wirkung an, in der es nicht um Plausibilität und Gehalt geht, sondern den zugespitzten Ausdruck.
3. Sie stellt wiederkehrende Masken und Typen dar, die sie u.a. aus der Gelehrtenkomödie (*commedia erudita*), der volkstümlichen Schaustellerei, Karnevalsbräuchen oder eigenen Variationen bekannter Typen bezog.
4. Sie ist ein moralisch indifferentes Theater, das das Schockierende, Anzügliche und Grobianische als wirksames Mittel einsetzt und weder Werte vermittelt noch belehren möchte.[9]

Von Italien aus hatte sich die Commedia dell'arte über die weiten Reisewege der Schauspieltruppen zu einem europäischen Phänomen ausgebreitet (siehe Abb. 4). Jahrhunderte nach ihrem Niedergang um 1780 reicht der Einfluss der Commedia längst über den Atlantik hinaus. Die Bilder der Commedia sind in unserer heutigen Zeit allgegenwärtig; Kulturwissenschaftler Martin Green und John Swan sprechen von einer „halbbewussten Präsenz".[10] Forschungen zur Commedia im letzten Jahrhundert machten in den Stars der stummen Slapstick-Filmen Hollywoods die Epigonen der italienischen Comici aus – leitet sich doch der Begriff „Slapstick" von Arlecchinos Narrenpritsche ab, mit der er geräuschvoll Prügel verteilte: „Our term 'slap-stick' derives from Harlequin's bat, a stick made of two limber pieces of wood bound at the handle which made a very loud racket when applied vigorously to an exposed rump."[11] Davon abgesehen wurde der Einfluss der Commedia dell'arte auf die frühe Filmkomödie in der Forschung bisher nur am Rande behandelt. Entsprechend dünn gestaltet sich die Literatur über das Verhältnis der Marxens zur Commedia.

---

9   Vgl. Krömer 1990, S. 24 ff.
10 Vgl. Green/Swan 1993, S. xi.
11 Madden 1968, S. 16.

Abb. 4: Die Commedia war vor allem ein Wandertheater. Bamboccianti, Theateraufführung im Freien*, ca. 1700. Wikimedia Commons.*

Die vorliegende Arbeit benutzt einen interdisziplinären Ansatz, um sich
mit den Methoden der Film- und Theaterwissenschaft dem Phänomen der
Marx Brothers im Kontext der Commedia dell'arte anzunähern. Ziel der
Untersuchung ist es, über die Gemeinsamkeiten der Marx Brothers mit der
Commedia ein Verständnis für diese besondere Art der komischen Darbietung zu gewinnen, welche beiden Erscheinungen zugrunde liegt. Dabei
wird der Commedia-Begriff weniger als historisch begrenzte Theaterepo-
che gefasst, sondern im Sinne von Rudolf Münz als Bezugsrahmen einer
bestimmten Art des Spiels verstanden, dessen Entwicklungslinien diskontinuierlich verlaufen.[12] Der Analyse liegt die Arbeitsthese zugrunde, dass
der unbewusste Bezug der Marx Brothers zur Commedia dell'arte sich vor

---

12   Vgl. Münz 1998, S. 148.

16

allem über ihren Hintergrund im American Vaudeville vollzieht. Daher wird in einem ersten Schritt der kulturhistorische Hintergrund im Verhältnis des frühen Films und amerikanischen Vaudevilles zur Commedia dargelegt. Danach rückt das filmische Werk der Marxens selbst in den Fokus der Aufmerksamkeit: Zunächst wird ein Überblick über ihr filmisches Schaffen gegeben. Im Anschluss wird der Komik der Marx Brothers im Kontext zeitgenössischer Kunstbewegungen des 20. Jahrhunderts nachgegangen. Über die Vorstellung der beiden filmwissenschaftlichen Modelle der *comedian comedy* und *anarchistic comedy* eröffnet sich schließlich der Bezug zur Commedia dell'arte, der im Hauptteil der Arbeit untersucht wird. Dabei werden sowohl die Spielfiguren der Brüder als auch ihre Comedy-Routinen in Relation zu den Masken und dem Spielmaterial der Commedia gesetzt und jener Zusammenhang zwischen komischem Ausdruck und lebensweltlicher Realität herausgearbeitet, der sich sowohl in der Commedia als auch bei den Marx Brothers findet. In einem letzten Schritt werden die gesammelten Ergebnisse in einer Schlussbetrachtung zusammengetragen und ein Ausblick gewagt auf jene besondere Art des komischen Spiels, die sowohl in der Commedia als auch bei den Marx Brothers offenbar wird.

2. Commedia dell'arte revisited? Vom American Vaudeville zum frühen Tonfilm

In seinem Aufsatz „Théâtre et cinéma" („Theater und Film", 1951) setzt Filmtheoretiker André Bazin die frühe Filmkomödie in Beziehung zu ihren theatralen Wurzeln:

> Betrachtet man schließlich die Geschichte der Figuren, Situationen und Abläufe in der klassischen Farce, ist unübersehbar, daß sie in der Filmburleske eine unvermittelte, glanzvolle Auferstehung fand. Diese seit dem 17. Jahrhundert fast erloschene Gattung hatte »in Fleisch und Blut« im Zirkus und in manchen Formen des Varieté überlebt – in stark spezialisierter und abgewandelter Form. [...] Doch die Logik des Genres und der filmischen Mittel erweiterte das Repertoire ihrer Techniken und machte Max Linder, Buster Keaton, Laurel und Hardy, Chaplin möglich; von 1905 bis 1920 erlebte die Farce eine in ihrer ganzen Geschichte einzigartige Glanzzeit – die Farce durchaus in der Tradition von Plautus, Terenz und sogar der Commedia dell'arte mit ihren Themen und Techniken.[13]

Farce, Filmburleske, Zirkus, Varieté – Bazin benutzt hier bewusst Ausdrücke, die jenseits der herkömmlichen Bühnenkomödie deutlich auf eine andere Form des Theaters verweisen. Zusammengefasst unter dem Begriff des „anderen Theaters" hat sich Rudolf Münz mit seiner Arbeit *Das »andere« Theater. Studien über ein deutschsprachiges teatro dell'arte der Lessingzeit* (1979) darum verdient gemacht, sich diesem noch größtenteils unerforschten Phänomen in der Theatergeschichte zu widmen. Nach seinem Verständnis entsagt sich das „andere" Theater dem mimetisch-referentiellen Verständnis einer reinen Theaterkunst. Es verweist auf den antiken Ursprung des Theatralen in der öffentlichen Zur-Schau-Stellung bestimmter Körperbewegungen in einem kulturellen Kontext, etwa im sportlichen Wettkampf, in religiösen Prozessionen, Tanzriten und Festen. Das „andere" Theater ist weder literarisch festgelegt noch an die räumliche Institution des Theaters gebunden, statt der Darstellung von Handlung (Drama) steht der Akteur selbst im Mittelpunkt – und zwar „in Fleisch und Blut", um Bazins Metapher zu übernehmen. Es widersetzt sich den

---

13   Bazin 2004, S. 167.

ideologisch geprägten Normierungsversuchen der Kunst durch bürgerliche Bildungseliten. Mit seiner „anderen" Spielweise bricht es bewusst die starre Regelhaftigkeit einer illusionistischen Schauspielkunst auf, um die Zusammenhänge zwischen Sein und Schein, Fiktion und Realität, Individuum und (sozialer) Maske offen zu legen. Die Bühne wird nicht zur moralischen Erziehungsanstalt, sondern dient als Ort der Rekreation, eine Aufforderung und ein Beitrag „zur realen Glückseligkeit des werktätigen Menschen."[14] Das körperbasierte Spiel im „anderen" Theater hat die direkte, sinnliche Stimulation einer möglichst großen Zuschauermenge zum Ziel und kann in enger Beziehung zum Ursprung jeglicher Form von Massenunterhaltung gesehen werden. Spricht Bazin also im Kontext der Filmkomödie von Farce, Zirkus und Varieté, dann bezieht er sich auf die „andere" Welt der Gaukler, Spielleute, Possenreißer, Schausteller und Akrobaten, aus der sich auch die Commedia dell'arte generierte. Ihr Ausgangspunkt ist der Marktplatz und die ihm eigene Kultur:

> An diesem Ort [...] haben sich die kurzen Nummernauftritte der Gaukler entwickelt, haben die grob karikierten Figuren Gestalt angenommen, wurden die Traditionen der Mimen, Atellanen und vieler anderer, dem Darsteller unbekannter und unbewußter Vorgänger, fortgesetzt und in der ständigen Auseinandersetzung mit dem Publikum verändert.[15]

So lässt sich im Kontext des „anderen" Theaters eine Verwandtschaft der Commedia dell'arte zur frühen Form des Films herstellen, dessen Dramaturgie und Ästhetik sich vornehmlich aus seinem Aufführungsort, dem Jahrmarkt, ergeben hat:

> Nirgends zeigt sich die Entstehung des Kinos aus dem Ensemble der populären szenischen Massenunterhaltung deutlicher als in der Komik. Zirkus, Vaudeville, Music Hall, Caf'conc', Varieté: Nicht nur rekrutiert der frühe komische Film [...] sein Personal aus dem Milieu der Zirkusclowns, Artisten, Illusionisten und Bühnenkomiker; auch haben sich deren Prinzipien der sinnlichen Repräsentation dem frühen Film nachhaltig eingeschrieben.[16]

Die enorme Einflussnahme der Varieté-Unterhaltung auf die frühe Filmpraxis ist von der amerikanischen Filmwissenschaft bereits eingehend erforscht worden. So weist Tom Gunning in seinem bedeutenden Artikel

---

14 Vgl. Münz 1979, S. 203.
15 Esrig 1985, S. 42 ff.
16 Heller/Steinle 2005, S. 14f.

„The Cinema of Attractions" *(*1990) darauf hin, dass das frühe Kino etwa geprägt war durch seine Hervorhebung des Spektakulären statt einer kohärenten Narration, einer revueartigen Aneinanderreihung heterogener Materialien, einer unmittelbaren, emotionalen Wirksamkeit sowie dem selbstreflexiven Umgang mit dem eigenen Schausteller-Charakter.[17] Filmkomödien-Forscher Geoff King beschreibt den dominanten Modus der frühen Slapstick-Einakter als präsentativ bzw. performativ: Die Filme waren um vorgeführte Gags und Darbietungen gebaut, die sich direkt an das Publikum wendeten, dessen Präsenz sie offen bekundeten.[18] Die ersten Unternehmer fanden das Publikum für ihre Filme in demselben Ort, aus dem sie ihre Attraktionen und Darsteller gewannen. Bevor sich der Film als eigenständige Kunstform etablieren konnte, stand er lange Zeit im Schatten seiner Herkunft im verrufenen Schaustellergewerbe:

> The tricksters, the fast talkers, the cranks, the defeated; all of them took part in the gold rush to invent the cinema. Yet for years the cinema was more likely to lose your fortune than to make it. It hovered between life and death in the nether world of the fairground, the second-class music hall, the beer garden, the penny arcades and the church social.[19]

Treffend fügen Martin Green und John Swan hinzu: „Leaving out the church social, this is a description not only of the world of film aborning, but also of the breeding ground of the modern commedia."[20] In ihrer Untersuchung *The Triumph of Pierrot: The Commedia dell'Arte and Modern Imagination* (1986) öffnen sie den historisch engen Terminus der Commedia zu einem weiten Strukturbegriff, um Phänomene aus Literatur, Musik, Bildender Kunst und Film in der Zeit von 1890 bis 1930 besser fassen zu können (siehe Abb. 5). Auch auf dem Theater wurde in der Wende zum 20. Jahrhundert die Commedia von Pionieren wie Luigi Pirandello, Edward Gordon Craig, Wsewolod Meyerhold, Jacques Copeau und Max Reinhardt wiederentdeckt. Sie benutzten die Commedia, um dem in die Repräsentationskrise gefallenen Dramentheater ihre jeweils individuelle Idee eines modernen Theaters entgegenzusetzen. Im Zuge dieser soge-

---

17   Vgl. Gunning 1990.
18   Vgl. King 2002, S. 27.
19   Rhode 1976, S. 25.
20   Green/Swan 1993, S. 120 f.

nannten „Retheatralisierung des Theaters"[21] übernahmen sie Elemente der Commedia, um in der Emanzipation vom Dramentext das Theater auf seinen Ursprung zurückzuführen, den sie überwiegend im nichtsprachlichen und körperbasierten Spiel des Darstellers sahen. Im Bezug zur volkstheatralen, kommerziellen Massenunterhaltung verweben sich also frühe Film- und moderne Theatergeschichte.

Abb. 5: Der berühmte Pantomime Baptiste Deburau (hier gespielt von Jean-Louis Barrault) erhob seine Rolle des melancholischen Pierrot, eine Abwandlung der Zanni-Maske des Pedrolino, zur Ikone der wiederentdeckten Commedia in der Pariser Theaterszene des 19. Jahrhunderts. Filmszene aus LES ENFANTS DU PARADIS (KINDER DES OLYMP, F 1945, R: Marcel Carné). DVD-Screenshot.

In den Vereinigten Staaten wird dies am Beispiel des Vaudevilles besonders deutlich. Ab Mitte der 1880er Jahre bis hin in die frühen 1920er galt

---

21   Vgl. Fischer-Lichte 1993, S. 263 ff.

das American Vaudeville, ein Pendant zur britischen Music Hall und der Pariser Theatergattung des gleichen Namens, als die dominierende Form populärer (Live-)Unterhaltung in den USA.[22] Rasante Fortschritte im Schienentransport, der Kommunikation, der Werbeindustrie sowie das Entstehen eines ausgefeilten Buchungssystems verhalfen dem American Vaudeville dazu, eine in der Form noch nicht dagewesene Unterhaltungsindustrie aufzubauen. Der Name „Vaudeville" ist eine Verballhornung des französischen Ortsnamens „Vau de vire", jenem Tal in der Normandie, aus dem ab Mitte des 15. Jahrhunderts die beliebten *vaux-de-vires*, Trink- und Spottlieder, entstammten. In seiner Blütezeit gab es in den USA mehr als 5.000 Vaudeville-Theater, die sich in den wenigen Händen nationaler Syndikate wie dem Keith-Albee Vaudeville Circuit befanden. Im Vaudeville vereinten sich vom amerikanischen *dime museum* über die traditionellen *traveling shows*, *minstrels* bis hin zum Zirkus und dem (Musik-)Theater die niederen und höheren Formen populärer Unterhaltung. Getreu der Philosophie „a little for everybody" des Showmans P.T. Barnum lag die Essenz des American Vaudevilles in seiner Varietät. Das Programm bestand in der Regel aus zehn bis fünfzehn Varietéstücken, in denen die unterschiedlichsten Performer ihr Talent zur Schau stellten:

> By the 1890s vaudeville was perceived to be the variety show best adapted to the modern city. It was the distilled essence of the major entertainments, lowbrow, middlebrow, even highbrow. With machinelike efficiency, an assortment of brief, fast-paced acts passed in rapid succession – acrobats and animal acts, ballerinas and boxers, clowns and comedians. It was an eclectic mix [...] – magic tricks and technological innovations, one-act playlets and slapstick comedy, operatic arias and high-wire acrobatics. Almost any skill well-executed was included in the program.[23]

Seit Ende des 19. Jahrhunderts waren Theaterbesitzer wie Tony Pastor darum bemüht, das Vaudeville aus der obszönen Sphäre des alten Varieté zu heben und als Abgrenzung zur Burleske in eine saubere Familienunterhaltung zu überführen, um die breite Mittelschicht als Kundenstamm zu gewinnen. Als strenge Sittenwächter verbannten sie jegliches anstößiges Material aus ihren Theatern. Doch selbst das kultivierte, „saubere" Vaudeville um die Jahrhundertwende wurde von vielen Zeitgenossen in der Gegen-

---

22   Vgl. Springhall 2008, S. 129 ff.
23   Lewis 2003, S. 316.

überstellung zum *legitimate theatre* immer noch als vulgär abgetan. Mit dem Aufkommen der großen Theaterketten zentralisierte sich das American Vaudeville zu einer landesweiten Unterhaltungsindustrie, die in den Händen weniger Impresarios wie Frederick Freeman Proctor oder B.F. Keith und Edward F. Albee lag:

> These men and their partners built vaudeville theater chains and then combined them into an even more powerful nationwide booking agency that forced many independent owners and performers to become dependent clients of a national business. Tony Pastor had opened variety to a new audience of women and children. Keith and Albee and Proctor turned this newly respectable entertainment into big business.[24]

Den Niedergang erfuhr das American Vaudeville mit dem Siegeszug des Tonfilms; die aufkommende Filmindustrie hatte das Vaudeville als vorherrschende Massenunterhaltungsmaschinerie abgelöst. Filmstudios kauften große Vaudeville-Theaterketten auf und wandelten die Theaterräume in Kinosäle. War von 1895 bis 1906 die Filmvorführung noch ein Punkt im Vaudeville-Programm, verkehrte sich mit dem Aufkommen der Nickelodeons das Verhältnis in sein Gegenteil. Der Vaudeville-*act* gereichte in den umgewandelten Lichtspielhäusern zur Begleit-Performance.[25] Mit der Schließung der letzten großen *big time*-Theatern fand das alte Vaudeville Mitte der 1930er Jahre sein Ende. In seiner Biographie hielt der berühmte Vaudeville-Jongleur und spätere Filmkomiker W.C. Fields fest:

> For many, vaudeville passed into limbo when the old New York Palace closed as a two-a-day in 1932. One of the great names of the last fifty years died with it, some rose to even more fabulous popularity on stage and later in Hollywood.[26]

Tatsächlich ist es bezeichnend, dass die Hauptrolle des ersten Tonfilms in Spielfilmlänge, THE JAZZ SINGER (DER JAZZSÄNGER, USA 1927, R: Alan Crosland), mit einem Vaudeville-Star besetzt wurde: Al Jonson. Viele der großen Performer wie Buster Keaton, Charlie Chaplin, Will Rogers und natürlich die Marx Brothers konnten ihr Material nach ihrer Vaudeville-Zeit für die Leinwand weiterentwickeln.[27] Der Einfluss der Vaudeville-Ästhetik auf das Kino reichte von den stummen Slapstick-Filmen von

---

24 Butsch 2000, S. 108.
25 Vgl. Allen 1980, S. 316.
26 Fields 1973, S. 477.
27 Vgl. Springhall 2008, S. 164 ff.

Produzenten wie Hal Roach und Mack Sennett bis hin zur frühen Ton-filmkomödie der 1930er Jahre. Das frühe amerikanische Kino richtete sich ganz nach den Vorlieben und Sehgewohnheiten des Publikums, die vor allem durch das Vaudeville geprägt waren. Erst in der Normierung einer eigenen Filmsprache löste sich Hollywood von dem Einfluss des Vaude-villes. Die Präsentation von nummernartigen Attraktionen und die Domi-nanz des Performers musste dem Diktat des naturalistischen Spiels und dem logisch-kausalem Plot einer kohärenten Filmerzählung weichen, wie u.a. Henry Jenkins in seiner Arbeit *What made Pistachio Nuts? Early Sound Comedy and the Vaudeville Aesthetic* (1992) aufweist. Zudem ge-rieten die Slapstick-Filme zunehmend in die Kritik, da ihr kruder, körper-betonter Humor nicht dem Anspruch der wohlhabenden Mittelschicht ent-sprach, die auch von der Filmindustrie als primäres Publikum bevorzugt wurde. Um diese gehobene Zuschauerschaft zu erreichen, wurden kultu-rell respektablere Filme produziert, die nicht mehr auf dem Vaudeville, sondern auf angeseheneren Kunstformen wie Kurzgeschichten, Romanen, und dem seriösem Bühnentheater basierten. Mit der Zeit entstand eine Kluft zwischen der einfachen Erfüllung von Zuschauervergnügen sowie dem Erzielen von Profit auf der einen und einem soziokulturellen Diskurs über Respektabilität auf der anderen Seite, die seither das amerikanische Filmgeschäft prägt:

> A trade-off between the appeals of 'respectable' narrative-led drama and 'crude' spectacular attraction (from the lunatic ballet of violent slapstick encounters to contemporary gross-out, action and special effects) has been characteristic of Hol-lywood ever since.[28]

Bevor es tiefer in die Betrachtung der Affinitäten zwischen der Aufführ-ungspraxis des American Vaudevilles und der Commedia dell'arte geht, muss in einem ersten Schritt zunächst geklärt werden, was im Folgenden unter dem Sammelbegriff „Commedia" verstanden wird. Auf einem auf-gestellten Arbeitsbegriff aufbauend werden anschließend in einem groben Abriss die Ähnlichkeiten der beiden Theaterphänomene Commedia und Vaudeville dargestellt und am Beispiel der Schauspieltruppe der Marx Brothers konkretisiert.

---

28   King 2002, S. 27.

2.1 Arbeitsbegriff „Commedia"

Aufgrund seiner vielseitigen Verwendung ist der Begriff der „Commedia dell'arte" in der Theaterwissenschaft immer mehr zu einem unscharfen Forschungsobjekt geworden. Historisch gesehen lässt sich das Phänomen der Commedia reduzieren auf das Wirken italienischer Wandertruppen ab etwa der Hälfte des 16. Jahrhunderts bis ins 18. Jahrhundert hinein. Der reichen Theaterpraxis Venedigs entsprungen, stand die *commedia mercenaria*, die gewerbliche Schauspielkunst, als volkstümliche Theaterform der *commedia erudita* an den höfischen und bürgerlichen Akademietheatern der Renaissance gegenüber.[29] Die Bezeichnung „Commedia dell'arte" wurde von den Schauspieltruppen selbst nie benutzt und ging erst aus den Schriften Carlo Goldonis aus dem 18. Jahrhundert hervor. Jener Zeit also, in der sich die Commedia durch die literarische Fixierung bedeutender Stückeschreiber wie Goldoni oder Carlo Gozzi bereits in ihrem Niedergang befand.[30] Der Ausdruck „dell'arte" ist nicht mit „Kunst", sondern „Kunstfertigkeit" zu übersetzen; er bezieht sich auf das berufliche Handwerk der Comici:

> Commedia dell'arte ist das theatralische Produkt einer durch Erfahrung und Übung erworbenen, dem Dilettantismus deswegen unerreichbaren Kunstfertigkeit. Insofern hat die Commedia dell'arte der im Stegreifspiel geschulten Berufsbühne vorbehalten bleiben müssen.[31]

Anders als die Gelehrtenkomödie war die Commedia nicht durch einen Theatertext festgesetzt; die Berufsschauspieler spielten *all'improvviso*, „aus dem Stegreif". Das früheste Zeugnis eines Stegreifspiels findet sich in dem Bericht des Hofkünstlers Massimo Troiano über eine Commedia dell'arte-Aufführung anlässlich der Hochzeit des Kronprinzen Wilhelm von Bayern mit Renate von Lothringen in München aus dem Jahr 1568.[32] Dieser Bericht gilt als erste ausführliche Angabe zur Commedia dell'arte und weist bereits viele Grundformen der Theatergattung auf: Eine verworrene Liebesgeschichte dient als Aufhänger für eine Reihe von visuellen wie auch sprachbasierten witzigen Einfällen (*lazzi*). Ausgangspunkt der

---

29   Vgl. Richards/Richards 1990, S. 1.
30   Vgl. Mehnert 2003, S. 14.
31   Hansen 1984, S. 9 f.
32   Vgl. Kutscher 1955, S. 21 ff.

Handlung ist die Figur des Pantalone, der den komischen Typus des liebenden Greises verkörpert, sowie seine verbale wie auch physische Konfrontation mit seinem Diener Zanni. Im Verlauf der Geschichte kommt es zu Verwechslungen, die Abfolge von komischer Figurenrede und Slapstick-Humor wird gelegentlich von Musik- und Tanzeinlagen unterbrochen. Neben den beiden Hauptmasken Pantalone und Zanni waren außerdem die Verliebten (Innamorati), die Dienerin (Servetta) sowie der aufschneiderische, spanische Hauptmann (Capitano) als feste Figuren der Commedia bereits vertreten.[33] In Erinnerung an die denkwürdige Aufführung ließ Prinz Wilhelm ab 1575 das Arbeitszimmer und die große Wendeltreppe im italienischen Anbau seines Fürstensitzes Burg Trausnitz mit Szenen und Figuren aus der Commedia ausschmücken. Diese lebensgroßen Malereien und Fresken stellen eine der ersten datierbaren Abbildungen der Commedia dar.[34]

Trotz dieser frühen Zeugnisse liegen nur wenige Dokumente über die Anfänge der ersten Truppen vor. Die erste schriftlich überlieferte Erwähnung einer professionellen Commedia-Truppe geht auf einen Vertrag aus dem Jahr 1545 zurück. Man geht davon aus, dass die Commedia bereits ein „fertiges" Theater gewesen war, als ihr Auftreten in ersten Berichten überliefert wurde.[35] In den darauffolgenden Jahrzehnten entstanden vor allem in Norditalien eine Vielzahl an Spieltruppen, deren Repertoire ebenso vielseitig war wie die Aufführungsorte, die sie besuchten. Große Comici-Gruppen wie etwa die um 1560 entstandenen Gelosi, Fedeli oder Confidenti führten erstmals Frauenrollen ein, erweiterten ihr Material mit Elementen gehobener Unterhaltung und genossen die Gunst der höfischen Gesellschaft, die sie in ihren Palästen zu Festen, Hochzeiten und anderen Festivitäten spielen ließ.[36] Dagegen ist über die kleinen Commedia-Truppen, die auf Straßen, Marktplätzen und Jahrmärkten vor allem das einfache Volk belustigten, so gut wie nichts überliefert. Neben den wenigen anerkannten Commedia-Schauspielern am Hof galt die Allgemeinheit der „niederen" Commedia-Spielleute als Ärgernis für klerikale Sitten-

---

33 Vgl. Mehnert 2003, S. 10 f.
34 Vgl. Schöne 1959, S. 106 ff.
35 Vgl. Krengel-Strudthoff 1969, S. 19.
36 Vgl. Mehnert 2003, S. 13.

2. Commedia dell'arte revisited?

wächter und Sprach-Puristen. So schrieb Tommaso Garzoni in seiner Schrift *La piazza universale* aus dem Jahre 1585:

> But those profane players who pervert the ancient art, introducing into play only untruths and scurrilities, cannot be allowed to escape blame for bringing shame on themselves and the art of acting [...]. To the extent that the art of comedy has benefited from the afore-mentioned [Isabella Andreini, Vittoria Piissimi etc.] to an even greater extent has it been besmirched by these people who [...] have perverted the language in order to argue in a way as dirty and offensive as they are themselves. [...] Thus, thanks to them, the art of comedy lies buried in mud: lords banish them from their lands, the law holds them in contempt [...] and the whole world, as if to punish them for their improper conduct, rightly rejects them.[37]

Was die großen und kleinen Truppen gemeinsam hatten, waren ihre weiten Wanderwege. Da Italien zu der Zeit ein politischer wie sprachlicher Flickenteppich war und es an einem kulturellen Ballungszentrum wie Paris oder London fehlte, waren die Comici stets auf der Suche nach neuen Märkten. Dies führte zu einer raschen Verbreitung der Commedia nicht nur auf der italienischen Halbinsel, sondern auch im europäischen Raum:

> By the end of the sixteenth century *commedia dell'arte* players or companies had visited France, Spain, the German states, the Low Countries and England, and in the next two centuries they travelled even further abroad, as far as Scandinavia, Poland and Russia.[38]

Losgelöst von ihren regionalen Ursprüngen wurde die Commedia dell'arte schnell zu einem europäischen Phänomen. Während ihrer Aufenthalte hinterließen die italienischen Wandertruppen einen nachhaltigen Einfluss auf die nationalen Volksbühnen ihrer Gastländer. Schließlich vollzog sich die letzte Hochphase der Commedia nicht mehr in Italien, sondern im Frankreich des 17. und 18. Jahrhunderts.[39] Eine der ältesten Darstellungen der Commedia zeigt eine Aufführung vor dem französischen Adel (siehe Abb. 6). Nachdem Frankreich bereits seit den 1570er Jahren regelmäßig von großen Truppen wie den Gelosi oder den Confidenti bereist wurde, etablierte sich 1662 erstmals eine feste Commedia-Truppe in Paris, aus der sich später die Comédie-Italienne entwickelte. Die italienischen Schauspieler genossen die besondere Gunst des Königshofes und hielten 1680

---

37 Übersetzt und wiedergegeben in: Richards/Richards 1990, S. 69 f.
38 Richards/Richards 1990, S. 3.
39 Vgl. Theile 1980, S. 48.

Einzug in das Hôtel de Bourgogne als eigene Spielstätte, das sie jedoch im Zuge der Verbannung durch Ludwig XIV. 1697 wieder verlassen mussten. Nach dem Tod des Sonnenkönigs im Jahre 1716 kehrte eine zweite Truppe unter der Leitung von Luigi Riccoboni nach Paris zurück und feierte kurze Erfolge, bevor sie 1762 mit der Opéra Comique zusammengelegt wurde. 1780 spielte in der Comédie-Italienne, die nun den Namen „Théâtre des Italiens" angenommen hatte, kein einziger italienischer Schauspieler mehr.[40] Die Commedia dell'arte ist so unauffällig verschwunden, wie sie entstanden war.

Abb. 6: Aufführung vor adeligem Publikum in Frankreich, Schule des Frans Floris, ca. 1570/71. Wikimedia Commons.

---

40   Vgl. Mehnert 2003, S. 43 ff.

Dieser theaterhistorisch eng gedachte Begriff der Commedia stößt jedoch bald an seine Grenzen. Angesichts der reichen, doch ungenauen Sammlung an Dokumenten und Abbildungen bleiben essentielle Fragen zur Commedia ungelöst: War die Commedia nun eine Spielart des volkstümlichen Theaters oder bediente sie sich lediglich populärer Stoffe? Präsentierte sie sich in erster Linie als ein improvisiertes Maskentheater oder ein Stegreifspiel mit vereinzelten Auftritten von maskierten Schauspielern? Wie drückte sich das Verhältnis von performativen und literarischen Elementen im Spiel der Comici aus? Neben diesen und weiteren Fragen ist gerade zum Ursprung der Commedia seit dem 20. Jahrhundert ein regelrechter Streit in der Theaterforschung ausgebrochen. Entwickelte sich die Commedia nun aus den oskischen Atellanen der römisch-antiken Komödie, dem Maskenspiel des Karnevals, der Spielpraxis verschiedenster mittelalterlicher Possenreißer, Akrobaten und Schausteller (*giullari*) oder gar der *commedia erudita* selbst? In der Aufstellung verschiedener Ursprungstheorien kommt Theaterhistoriker Andreas Kotte zu dem Ergebnis, dass man einen monokausalen Ursprung der Commedia nicht finden kann, sondern vielmehr ein Nebeneinander verschiedener Möglichkeiten. Denn eines der wesentlichen Probleme der Commedia-Forschung liege nicht an der unvollständigen Quellenlage, sondern in ihrer unterschiedlichen Interpretation:

> Die Hauptursachen für die theoretischen Unklarheiten liegen in der späteren Bewertung der Commedia. Derjenige, der eine lineare Entwicklung nachweisen wollte, vielleicht sogar von einem ,Niederen' zu einem ,Höheren', verzweifelte zu Recht daran. Deshalb setzte sich in zwei Variationen die gegenteilige These von einem 300-jährigen Niedergang der Commedia durch: entweder von der Commedia erudita hinunter zur bloßen Stegreifkomödie [...]; oder vom lebendigen Volkstheater hinab zum höfischen Tand [...].[41]

Tatsächlich ist zu berücksichtigen, dass sich in die bedeutenden Werke zur Historiographie der Commedia gleichsam die Intentionalitäten ihrer Autoren eingeschrieben haben. Ihre Rekonstruktionen der Geschichte standen im engen Zusammenhang mit der Bühnenpraxis und ihrem besonderen Theaterbegriff, mit dem sie sich ihrer Zeit gezielt im Diskurs abzugrenzen versuchten. So versuchte bereits der Theaterreformer Luigi Riccoboni in seiner einflussreichen *Histoire du théâtre italien* (1728) die Commedia

---

41   Kotte 2013, S. 163.

dell'arte zu einer anerkannten Idealkomödie zu erhöhen, während Jahrhunderte später marxistische Theaterwissenschaftler wie A.K. Dshiwelegow die Comici zu scharfen Gesellschaftskritikern in der Tradition der mittelalterlichen Buffoni erklärten. Theatergeschichtsschreibung wurde nicht als objektive Faktensammlung betrieben, sondern war selbst ein kultureller Akt, wie Stefan Hulfeld in seiner Untersuchung *Theatergeschichtsschreibung als kulturelle Praxis. Wie Wissen über Theater entsteht* (2007) etwa am Beispiel von Luigi Riccoboni darlegt.[42]

In dieser Arbeit wird entsprechend versucht, die abgeschlossene Commedia-Definition zu einem umfassenderen Strukturbegriff zu erweitern. Die Commedia dell'arte wird vor allem als übergeordnetes Spielprinzip gesehen, in welchem statt eines literarischen Textes der Schauspieler und sein Körper im Mittelpunkt steht. Ein Theaterphänomen, das über seine Blütezeit in der Renaissance hinaus in den Erneuerungsversuchen des 19. und 20. Jahrhunderts von Maurice Sand bis hin zu Dario Fo fortbestand und dessen Entwicklungslinien in gegenseitiger Wechselwirkung zu anderen Theaterformen in der Geschichte diskontinuierlich verlaufen. Eine bestimmte Art der berufsmäßigen Schauspielkunst, ganz im Sinne der Theaterwissenschaftlerin Ingeborg Krengel-Strudthoff, die aufgrund ihres anti-illusorischen und publikumsbezogenen Spiels sowie der Autonomie des Schauspielers mehr noch als andere Theaterformen immer wieder auf das Theater der Gegenwart eingewirkt hat.[43]

2.2 Die Bezüge zur Commedia dell'arte in der Aufführungspraxis des American Vaudevilles

Zwar können die Wurzeln des französischen Vaudevilles als Varieté-Unterhaltung im Paris des 19. und 20. Jahrhunderts über Erscheinungen wie das Pariser Jahrmarktstheater (*théâtre de la foire*), die Comédie-Italienne sowie der Opéra Comique auf die Einflüsse italienischer Commedia-Truppen zurückgeführt werden, die im 17. Jahrhundert in Paris an

---

42   Siehe dazu: Hulfeld 2007b, S. 89 ff.
43   Vgl. Krengel-Strudthoff 1969, S. 20.

sässig waren,[44] doch hat diese Form des Vaudevilles nur wenig mit der amerikanischen Variante gemein. Eine direkte Filiation zwischen der Commedia dell'arte und dem American Vaudeville lässt sich nicht herstellen. Dennoch ist eine Verbundenheit dieser beiden Phänomene festzustellen, wie sie bereits Filmwissenschaftler Thomas Brandlmeier zwischen der Commedia und der britischen Music Hall ausgemacht hat:

> In den frühen Formen der Music Hall ist ein starker Einfluß der damals in Europa dominierenden commedia vorhanden; der Clown ist eine Mischung aus Pulcinella (von »Pulcinella« leitet sich der englische »Punch« ab) und court-jester Tradition. Es ist die alte commedia, noch vor Gozzi und Goldoni, die hier wirksam ist, die später als zu plump und vulgär abgetan wurde.[45]

Es gab sogar Individuen, denen die Verbindung zwischen Commedia und Vaudeville durchaus bewusst waren. So glaubte der Schauspieler und Regisseur Vadim Uraneff, im Vaudeville-Amerika der 1920er Jahre die perfekten Voraussetzungen für ein Aufleben der Commedia ausgemacht zu haben. Ganz den Idealen seines Lehrers Meyerhold verschrieben, stellte Uraneff in seinem Artikel „Commedia dell'arte and the American Vaudeville" (1923) normative Bestimmungen zur Schauspielpraxis auf, etwa die Dominanz des Akteurs, die Stilisierung in allen Aspekten der Produktion sowie eine Emphase auf die Interaktion mit dem Publikum.[46] Doch waren die avantgardistischen Bemühungen des russischen Immigranten fruchtlos geblieben, die Commedia dell'arte mit seinem „The Show Booth"-Theater auf amerikanischen Bühnen wieder aufleben zu lassen.[47]

Betrachtet man das Vaudeville jedoch ähnlich wie die Commedia als übergeordneten Strukturbegriff, wie es etwa Theaterautor und Publizist Bernard Sobel in seiner Bildgeschichte des American Vaudevilles macht, so fallen beide Spielphänomene im Moment des Darstellers zusammen:

> At any rate, from its earliest days vaudeville's history is not one of orderly development, era by era, as of growth reflected in stellar personalities. Because of the

---

44 Zum italienischen Erbe des *théâtre de la foire* siehe Hulfeld 2007a. Zum französischen Vaudeville siehe Schneider 1996.
45 Brandlmeier 1983, S. 15.
46 Siehe dazu: Uraneff, Vadim (1923): *Commedia dell'arte and the American Vaudeville*. In: *Theatre Arts Magazine* 7, no. 4.
47 Vgl. Fisher 1992, S. 251 ff.

continuity, versatility and longevity of many of the great performers, past and present may often seem contemporaneous.[48]

Statt die Figuren, Handlungselemente und Bilder der Commedia dell'arte direkt zu übernehmen, griffen die Performer des American Vaudeville also in ihren *show acts* auf Spielprinzipien und Aufführungspraktiken der Commedia zurück, ohne sich des Traditionsbezuges zwangsläufig bewusst gewesen zu sein. Dieser unbewusste Rückgriff auf die Commedia lässt sich überwiegend auf die ähnlichen Herausforderungen einer berufsmäßigen Schauspielkunst zurückführen, denen die Vaudeville-Performer ebenso ausgesetzt waren wie die italienischen Wandertruppen der Renaissance. Sowohl zur Zeiten der Commedia als auch im Amerika in der Wende zum 20. Jahrhundert galt die Schauspielerei als sehr riskantes, unsicheres Gewerbe. Im Kampf um ein Engagement an einem Vaudeville-Theater bzw. in einer Stadt oder gar an einem Hof herrschte ein hoher Konkurrenzdruck unter den Schauspielern. Zudem war Erfolg und Misserfolg unmittelbar von der Laune des Publikums abhängig. Aufgrund dieser und weiterer Herausforderungen besannen sich die Akteure beider Theatererscheinungen darauf, ihre Aufführungen ökonomisch zu perfektionieren. So versuchten sie mit einem möglichst vielseitigen Material verschiedenste Bevölkerungsschichten gleichzeitig anzusprechen. Der bereits oben geschilderte Abwechslungsreichtum des Vaudeville-Programms korrespondiert mit dem reichen Repertoire der Commedia-Truppen, die unter anderem Komödien, Tragödien, Pastorale, *melodramma* und *intermezzi* darboten.[49] Die Bandbreite des Spielmaterials entsprach der weiten Versiertheit der Akteure, die sich neben einem beträchtlichen Repertoire aus Monologen, akrobatischen Kunststücken und Tanzeinlagen vor allem durch eine ausgeprägte Musikalität auszeichneten.[50]

Bei aller Vielfalt lag der Schwerpunkt der Commedia jedoch auf dem improvisierten Maskenspiel, ebenso wie das Rückgrat des American Vaudevilles die *low comedy* war. Beiden Spielformen lag vornehmlich die Ty-

---

48   Sobel 1961, S. 19.
49   Vgl. Richards/Richards 1990, S. 90 ff.
50   Siehe dazu: Thomas Heck (1989): *The Musical Iconography of the Commedia dell'Arte: an Overview.* In: Cairns, Christopher [Hrgs.] (1989): *The Commedia dell'Arte. From the Renaissance to Dario Fo.* Lewiston/Queenston/Lampeter: The Edwin Mellen Press. S. 227-242.

penkomödie zugrunde. Statt psychologisierten Charakteren bestand das Figurenpersonal der Commedia und des Vaudevilles aus überzeichneten, unmittelbar wiedererkennbaren Stereotypen. In diesen Typen verdichteten sich nicht nur Charakterzüge urmenschlichen (Fehl-) Verhaltens, sondern auch der konkrete Bezug auf eine bestimmte Gesellschaftsgruppe. So stellte die Maske des Pantalone in der Commedia dell'arte sowohl eine soziale Satire des abgewirtschafteten, venezianischen Kaufmanns des 16. Jahrhunderts dar, als auch eine überzogene Parodie des Typus des geizigen und lüsternen Alten (*senex amans*), der bereits im römischen Mimus zu finden ist. Auch im Vaudeville verzichteten die Künstler auf die naturalistische Darstellung von runden Bühnenfiguren zugunsten eines konventionellen Spiels mit sozialen Typen:

> The demand of immediacy pushed the variety artist toward the utmost economy of means. [...] An elaborate system of typage developed: exaggerated costumes, facial characteristics, phrases, and accents were meant to reflect general personality traits viewed as emblematic of a particular class, region, ethnic group, or gender.[51]

Aufgrund des charakterbasierten Materials, das die Commedia-Schauspieler und Vaudeville-Komiker um ihre festgelegten, komischen Typen herum aufbauten, war ihr Repertoire sehr flexibel. Ihre Monologe, Routinen und *lazzi* sammelten die Commedia-Schauspieler in kleinen Handbüchern (*zibaldoni*), von denen uns einige als wichtige Dokumente zur Commedia erhalten geblieben sind wie etwa die Sammlung *Le bravure del Capitano Spavento, divise in molti ragionamenti* (1607) von Franceso Andreini. Ebenso verfügten die Vaudeville-Komiker häufig über persönliche *index cards*, in denen sie ihr komisches Material zusammentrugen.[52] Zudem wurde eine Auswahl der besten Witze in sogenannten *joke books* abgedruckt, denen sich die weniger bekannten Performer als Lachgaranten für ihre Auftritte bedienten.[53] Wie die italienischen Comici waren auch die Performer im American Vaudeville für ihr eigenes Material verantwortlich. Im Studieren der Publikumsreaktionen stellten sie ihre Routinen auf die Probe und schrieben sie wiederholt um; von Stadt zu Stadt wurden die Vorlieben und Interessen des Publikums erforscht und das eigene Material entsprechend angepasst. Das Bühnenhandwerk entwi-

---

51   Jenkins 1992, S. 70.
52   Vgl. Jenkins 1992, S. 80.
53   Vgl. Stein 1984, S. 189 ff.

ckelte sich zu einer Pseudowissenschaft, in der die Performer als „Mechaniker der Emotionen" in direkter Kommunikation mit dem Zuschauer das gewünschte Feedback erzeugten.[54] Ähnlich dem Spiel *all'improvviso* schufen die Vaudeville-Performer in ihren *acts* nur den Eindruck von Spontanität und Intimität. In der Interaktion mit einem partizipatorischen Publikum blieb die Kontrolle des Geschehens immer noch beim Performer. Dieser musste das delikate Gleichgewicht halten zwischen dem Wunsch der Zuschauer nach aktiver Teilnahme und den Bestrebungen der Theatermanager, das Publikum zu zähmen und die Darbietung möglichst „sauber" zu halten. Zwar waren in der Hinsicht die Richtlinien der Manager sehr streng, doch umging der Performer das rigide Regelwerk, indem er über zweideutige Witze und erotischen Implikationen eine geheime Verständigung mit dem Zuschauer fand:

> In vaudeville, transgressions of managerial policy, with complicity between performers and audiences, were often the nature of sexual innuendoes. The shift in control and content produced a version of "knowingness" between them and a means to maintain the balance performers depended upon.[55]

Die Abhängigkeit vom Publikum sowie die beschränkte Aufführungszeit von durchschnittlich 20 Minuten brachten die Performer schließlich dazu, einen unmittelbar wiedererkennbaren Stil, einen individuellen Charakter zu entwickeln. Die persönliche Note, mit der sie etwa die komische Rolle eines Immigranten-Stereotypen ausfüllten, verdichtete sich zur Bühnenfigur, die sich zwischen Schauspielerperson und Rolle schob. Die Persönlichkeit eines Artisten wurde zu seinem Alleinstellungsmerkmal: „Performers won praise not for their ability to assume the ‚cloak' of a character but rather from their ability to project a unique personality that transcended stock roles."[56] Genauso verkörperten die Schauspieler der Commedia dell'arte keinen Charakter einer Geschichte im traditionellen Sinne, sondern bildeten mit ihrer Maske eine selbstreferentielle, nichtmimetische Einheit. Die Akteure entwarfen einen Kunstnamen, unter dem sie auf der Bühne auftraten und sogar amtliche Dokumente unterzeichneten. Diese Spielfigur war die individuelle Ausprägung eines Schauspielers von der Commedia-Maske, die er sein Leben lang spielte. Beispielsweise

---

54   Vgl. Jenkins 1992, S. 73.
55   Butsch 2000, S. 117.
56   Jenkins 1992, S. 71.

war Francesco Andreini, der nach Flaminio Scala die berühmte Commedia-Truppe der Gelosi leitete, unter dem Namen Capitano Spavento in der Rolle des Capitano zu sehen.[57] Schließlich führte die Betonung des Performers als „primary creative force" zu einem Personenkult im Vaudeville, der viele Stars hervorbrachte. Auch in der Commedia stießen die besonders kunstfertigen Schauspieler der großen Wandertruppen auf breite Anerkennung, so dass die Bühnenfiguren einiger Schauspieler sogar in das feste Commedia-Arsenal aufgenommen wurden. So wurde Isabella Andreini für ihre einzigartige Ausgestaltung der Innamorata als Isabella in den Reihen der Commedia-Figuren verewigt.[58]

2.3 Das Leben als Wandertruppe – Die Marx Brothers im American Vaudeville

Abb.7: Eine seltene Fotografie aller Marx Brothers mit ihren Eltern, ca. 1915.
Wikimedia Commons.

---

57 Vgl. Oreglia 1982, S. 136.
58 Vgl. Richards/Richards 1990, S. 116 f.

In Hinblick auf die Fragestellung der vorliegenden Untersuchung ergibt sich bereits aus diesem kurzen, skizzenhaften Vergleich zwischen den Aufführungspraktiken der Commedia dell'arte und des American Vaudevilles folgendes Ergebnis: Wenn es einen Bezug der Marx Brothers zur Commedia dell'arte gibt, lässt er sich über das amerikanische Vaudeville nachweisen, in dem sie fast 20 Jahre lang ihre Bühnenfiguren und Routinen entwickelt haben. Tatsächlich offenbart die Lektüre ihrer (Auto-) Biographien eine erste Annäherung an die Commedia: Die Schilderung ihres Lebens als Vaudeville-Künstler deckt sich nämlich in vielen Punkten mit dem überlieferten Alltag einer Commedia-Truppe.

Von ihren Anfängen im American Vaudeville bis zum Ende ihrer Filmkarriere waren die Marxens stets als *family act* aufgetreten (siehe Abb. 7). Zu der Zeit war das keine Seltenheit. Wie schon in der Commedia wurden auch im Vaudeville viele der Spieltruppen durch familiäre Bände zusammengehalten: Als Sprössling einer Artisten-Familie trat Buster Keaton beispielsweise im Alter von sechs Jahren bereits mit seinen Eltern als *The Three Keatons* auf;[59] Fred Astaire begann im American Vaudeville seine Tanzkarriere als *brother-and-sister-act* mit seiner Schwester Adele.[60] Im Falle der Marx Brothers bedeutete das, dass im Laufe der Zeit alle fünf Brüder in wechselnden Konstellationen aufgetreten sind: So bestand *The Three Nightingales* (1907), der ursprüngliche *musical act* der Marxens, lediglich aus Julius (Groucho), Milton (Gummo) und einer Sängerin namens Mabel O'Donnell. 1910 trat Adolph (Harpo) hinzu, aus den *Three Nightingales* wurden *The Four Nightingales* und in Chicago schließlich *The Six Mascots*. Als Leonard (Chico) sich seinen Brüdern zwei Jahre später anschloss, stand der essentielle Kern der Marx Brothers – Groucho, Harpo, Chico – zum ersten Mal als *comedy act* auf der Bühne. Herbert (Zeppo) ersetzte Gummo im Jahre 1917, der im Ersten Weltkrieg eingezogen wurde, und verließ die Marx Brothers wieder nach ihrem letzten Paramount-Film DUCK SOUP. Auch hinter den Kulissen waren die Marx Brothers ein Familienbetrieb: Gummo und Zeppo unterstützten ihre Brüder während ihrer Filmkarriere weiterhin als Agenten, Chico zog seit ihrem Vaudeville-Hit *Home Again* (1914) als Manager die Aufträge an Land. Zu Beginn ihrer Vaudeville-Zeit war jedoch Mutter Minnie Marx

---

59 Vgl. Meade 1995, S. 26 ff.
60 Vgl. J. Epstein 2008, S. 5 ff.

(geb. Schönberg) die treibende Kraft hinter den Marx Brothers. Sie handelte die Engagements aus und war bei Personalmangel mit ihrer Schwester Hannah gelegentlich selbst auf der Bühne zu sehen. Zusätzlich versuchte sie die albernen Ausbrüche ihrer Söhne auf der Bühne in Zaun zu halten, indem sie ihnen das Wort „Greenbaum" zuflüsterte – eine Erinnerung an den Mann, der die Hypothek für ihr Haus in Chicago zurückbehielt.[61] Seit ihrem Tod im Jahre 1929 wurde Minnie eine wachsende Bedeutung für den Erfolg ihrer Söhne zugeschrieben. In seinem berühmten Nachruf ging der *New Yorker*-Kritiker und Marx-Freund Alexander Woollcott sogar soweit, sie nicht nur als biologische, sondern auch als geistige Mutter der Marx Brothers zu bezeichnen:

> None knew better than her sons that she had not only borne them, brought them up, and […] turned them into successful play-actors. She had done much more than that. She had invented them. They were just comics she imagined for her own amusement. They amused no one more, and their reward was her ravishing smile.[62]

Zwar darf ihre Rolle bei der Entstehung der Bühnenfiguren der Marx Brothers nicht überbewertet werden, doch war es ihr eiserner Wille, der ihre Söhne nach eigenen Aussagen zufolge überhaupt auf die Bühne brachte und die ersten Jahre im Vaudeville überleben ließ. So schrieb Harpo Marx: „A lot of very brave and determined show people fell by the wayside doing what we were doing. It wasn't that my brothers and I had any more guts or determination than the guys who gave up. But we had Minnie, and Minnie did. She was our miracle."[63] Minnie entsprang der Tradition einer Schaustellerfamilie: Marx-Biograph Hector Acre berichtet, dass Minnies Vater Lafe Schönberg als Bauchredner durch die Kurorte und Varietétheater Deutschlands tourte, auf der Harfe begleitet von seiner Frau Fanny.[64] Tatsächlich sind die Erinnerungen an den jüdischen Berufsbauchredner im ostfriesischem Dorf Dornum, dem Geburtsort von Miene „Minnie" Schönberg, noch lebendig, wie die Recherchen des deutschen Journalisten Ulrich Hoppe ergaben.[65] Als die Schönbergs 1880 in die Vereinigten

---

61 Mitchell 2011, S. 184 ff.
62 Woollcott 1946, S. 88 f.
63 Marx/Barber 1990, S. 100.
64 Vgl. Acre 1979, S. 20.
65 Vgl. Hoppe 1985, S. 42 ff.

Staaten immigrierten, war es Minnies Bruder Abraham Elieser Adolph Schönberg, der sich als Al Shean noch vor seinen Neffen im American Vaudeville einen Namen machte. Zusammen mit Edward Gallagher formte er das erfolgreiche Komikerduo Gallagher & Shean.[66] Für Minnie war es also selbstverständlich, dass ihre Söhne die Familientradition fortzutragen hatten. Zudem versprach das Leben im Show Business schnelles Geld, was der hungernden Großfamilie aus der New Yorker Upper East Side sehr gelegen kam. Doch musste der erwartete Durchbruch noch lange warten. Stets auf der Kippe zur Arbeitslosigkeit, war das Vaudeville-Leben der Marx Brothers geprägt durch eine Abfolge von Erfolgen wie Misserfolgen. Im Kampf um neue Engagements reisten die Marx Brothers von Ort zu Ort und sahen sich zahlreichen Entbehrungen und Unannehmlichkeiten ausgesetzt. Die frühen Familienerinnerungen der Kinder der Marx Brothers waren durch Reisen geprägt, wie Chicos Tochter Maxine in ihrer Biographie *Growing Up With Chico* (1980) festhielt: „Trains provided the only constant in my early nomadic life. I never minded being the only kid on a train full of entertainers – I basked in the attention and the shared camaraderie."[67] Die Marx Brothers teilten das Schicksal einer unsteten Profession, dem vor mehr als 300 Jahren bereits die italienischen Wandertruppen der Commedia ausgesetzt waren. So schrieb Domenico Bruni in einem Prolog aus seinem Werk *Fatiche comice* (1623) über das Schauspielgewerbe:

> «Auf dass ein Krebsgeschwür über diesen Beruf komme und den, der ihn erfunden hat! Als ich mich zu den Komödianten gesellte, glaubte ich, ein glückliches Leben zu wählen. Aber ich fand höchstens das Leben der Zigeuner, die nie fest an einem Ort bleiben. Heute hier, morgen da, einmal über den Landweg, ein anderes Mal über den Seeweg und – was das Schlimmste ist – immer in der Schenke leben, wo man für gewöhnlich gut bezahlt, um schlecht aufgehoben zu sein. […]»[68]

Zu einer ähnlichen Beurteilung, wenn auch weniger humoristisch aufbereitet, kommt Harpo Marx in seiner Autobiographie *Harpo Speaks!* (1961). Für ihn stellten die ersten Vaudeville-Jahre, in denen er mit seinen Brüdern als *The Four Nightingales* die Tingeltangel-Theater Amerikas bereiste, eine leidvolle Erfahrung dar:

---

66   Mitchell 2011, S 263 f.
67   M. Marx 1980, S. 30.
68   Zitiert und übersetzt in: Hulfeld 2007b, S. 18.

> In our first three years on the road, we must have walked the equivalent of the length and breadth of the state of Texas, lugging two bags apiece, crammed with posters, props and costumes. We walked through heat waves and blizzards, through dust storms, rainstorms and hailstorms. We were bitten bloody by horseflies and mosquitoes.[69]

Neben den Beschwerlichkeiten der Reise, den billigen Unterkünften und ungelüfteten Theatergarderoben machten tyrannische Theaterdirektoren sowie das wilde Publikum den Marxens zusätzlich das Leben schwer. Bissig schließt Harpo Marx seine Schilderungen mit einem Seitenhieb auf die nostalgische Verklärung der Vaudeville-Ära: „If you should ever hear an old-time vaudevillian talk about ‚the wonderful, golden days of one-night stands,' buy him another drink, but don't believe a word he's saying. He's lying through his teeth."[70] Tatsächlich stellen die Marx Brothers in ihren Memoiren dem romantischen Bild vom abenteuerlichen Leben des sorgenlosen Vaudevillianers, wie es etwa bei Joe Laurie, Jr. zu lesen ist,[71] eine andere Wahrheit gegenüber. Auch Groucho, der in seiner Autobiographie *Groucho & Me* (1959) nicht umhinkommt, amüsante Anekdoten von den (amourösen) Eskapaden der Marxens während ihrer Vaudeville-Zeit zu erzählen, betont den gesellschaftlichen Außenseiterstatus, mit dem er und seine Brüder zu kämpften hatten. Denn selbst Jahrhunderte nach der Renaissance galt der Schauspieler im 20. Jahrhundert als geächtete Person, wie in seinen Ausführungen deutlich wird:

> At that time, the actor's position in society was somewhere between that of a gypsy fortune teller and a pickpocket. When a minstrel show arrived in a small town, families would lock up their daughters, put up the shutters and hide the silverware. To give you an idea of the actor's social status, a Southern planter in Shreveport, Louisiana, once told one of my brothers that he would kill him if he ever spoke to his daughter again.[72]

Den italienischen Comici gleich fanden die Marx Brothers jedoch einen Weg, aus ihrem Elend Kapital zu schlagen – Die Erfahrungen von Armut, Hunger und Diskriminierung wurden zur Inspiration für ihr komisches Material. Im Kontext der Entwicklung der Marx Brothers vom *musical*

---

69   Marx/Barber 1990, S. 99.
70   Ebd., S. 100.
71   Siehe dazu: Joe Laurie, Jr. (1953): *Vaudeville: From the Honky-Tonks to the Palace.* New York: Henry Holt and Company. S. 18 f.
72   G. Marx 2009, S. 75.

zum *comedy act* wird gern auf folgende Anekdote verwiesen: Während eines Auftrittes in der texanischen Stadt Nacogdoches musste die Vorstellung der *Nightingales* unterbrochen werden, weil ein aufgebrachtes Publikum das Theater verließ, um sich das Spektakel eines entflohenen Maultiers auf der Straße anzuschauen. Als die Zuschauer zurückkehrten, wurden sie von wütenden *Nightingales* empfangen, die statt weiter zu singen in wüsten Beschimpfungen über das Publikum, das Theater und die Stadt ausbrachen. Die Zuschauer verfielen in schallendes Gelächter. Der Kern für den anarchistischen Klamauk der Marxens war gelegt: „Minnie, surrendering her dreams of producing a great singing act, accepted the verdict of the audience and the clear desires of her sons: A comedy team was born."[73] Die ungewollte Komik des Schreihalses – Interessanterweise erinnert Die Marx Brothers-Anekdote stark an die Legende zur Entstehung der Commedia-Maske des Pulcinellas: Erregt von den Spötteleien einer vorbeiziehenden Wandertruppe, verfolgte ein wütender Bauer die Schauspieler schimpfend über den weiten Weg nach Neapel bis auf die Bühne und erntete beim Publikum unerwarteten Beifall, woraufhin er in die Spieltruppe aufgenommen wurde.[74] Seit Beginn ihrer Karriere war die Komik der Marx Brothers geprägt von der Freisetzung destruktiver Kräfte in ihrem chaotischen Treiben auf der Bühne:

> It was a roughhouse act to play to roughhouse audiences in roughhouse theaters; [...] it consisted of kicking, slapping, fighting, shouting, funny lines, unfunny lines, elaborate shenanigans, simple slapstick, and music, music, music. [...] Often they violated their written material in deference to hilarious improvisations [...], and in time they learned to play their audience like another instrument, to generate excitement and build excitement to hysteria, to stick to the routine when they needed to and to take off whenever they got the chance. Witnesses swear that they destroyed props, backdrops, costumes, and sometimes promoted physical damages to the theater.[75]

In ihrer ersten komischen Bühnenshow *Fun in Hi Skule* (1910) bedienten sich die Marx Brothers zunächst der bereits erprobten Comedy-Routine des *school acts* und begannen dann, die vorgegebene Vorlage nach und nach mit eigenen Ideen anzureichern. In diesem Sketch spielte Groucho

---

73   L. Epstein 2004, S. 44.
74   Vgl. Esrig 1985, S. 99.
75   Adamson 1973, S. 46 f.

einen Lehrer, der unter den Streichen seiner Schüler zu leiden hatte. Für Filmwissenschaftler und Marx-Forscher Wes D. Gehring stellte *Fun in Hi Skule* aus verschiedenen Gründen eine wichtige Wende in der Entwicklung der Marx Brothers dar. In ihm zeichnete sich bereits die den Marxens vorbehaltene Art der Komik ab. Neben der Kombination aus visuellem und verbalem Slapstick war es vor allem ihr destruktiver Witz, der sich gegen jede Form von Autorität wendete: „[...] *Fun in Hi Skule*'s cartoon-like satire of education is a primitive first cousin to what the Marx Brothers' later films do best – bringing anarchical comedy to frequently rigid institutional settings."[76] Tatsächlich findet sich die *classroom routine* in einer Szene aus dem vierten Marx Brothers-Film HORSE FEATHERS wieder, in der Groucho als Universitätsprofessor Wagstaff versucht, Biologie zu unterrichten. Zusätzlich wurde in *Fun in Hi Skule* der Grundstein für die späteren Bühnenfiguren der Marxens gelegt: Grouchos schnurrbärtiger Herr Teacher nahm den Typus des schlagfertigen, lüsternen Alten vorweg; Harpos noch sprechender Patsy Brannigan, ein Standardcharakter zu der Zeit, trug in seinem grotesken Erscheinungsbild bereits die andersweltlichen Züge seines späteren Alter Egos. Als Chico 1912 dem *act* beitrat, war seine Figur des begriffsstutzigen Immigranten mit italienischem Akzent bereits voll entwickelt, ebenso seine Technik, die Tasten beim Klavierspiel mit Fingerpistolen „abzuschießen".[77]

Betrachtet man die Entstehung der Bühnenfiguren der Marxens, ist auffällig, dass ihre komischen Typen allesamt auf Dialektkomik basierten, dem essentiellen Mittel der Typenkomödie der Commedia wie auch des American Vaudevilles. Bei der Weiterentwicklung ihrer Bühnenfiguren in *Mr. Green's Reception* (1913), einem zweiten Akt zu *Fun in Hi Skule*, sowie der völlig neuen Show *Home Again* war Chico interessanterweise der einzige, der seinen Akzent beibehielt. Groucho wandelte seinen deutschen Akzent nach der Versenkung der Lusitania im Mai 1915 durch ein deutsches U-Boot zunächst in einen jiddischen um, bevor er ihn ganz wegließ. Harpos irischer Clown Patsy wurde dagegen komplett zum Schweigen gebracht, um als Pantomime den Sprachwitz seiner Brüder zu kontrastieren.

---

76   Gehring 1987, S. 18.
77   Vgl. Ebd.

Mit der Aufführung von *Home Again* im berühmten New Yorker Palace Theatre schafften die Marx Brothers den großen Durchbruch ins *big time*-Vaudeville. Geschrieben und inszeniert von ihrem Onkel Al Shean, war das komische Material des *comedy acts* nun völlig an die Bühnenfiguren der Marxens angepasst. Doch selbst als etablierte Vaudeville-Stars und reguläre Spieler des Palace Theatre waren die Marx Brothers hoffnungslos den Launen der Theatermanager ausgesetzt, ebenso wie die italienischen Comici neben dem Publikum vor allem von Patronen am Hof abhängig waren. Zur Zeit der Renaissance bedeutete die Gunst einer Adelsfamilie für den Commedia-Darsteller nicht nur eine finanzielle, sondern vor allem eine soziale Absicherung gegenüber Anfeindungen durch kirchliche und offizielle Würdenträger. Der Schutz eines aristokratischen Förderers erleichterte den Spieltruppen zudem das Reisen über fremde Landesgrenzen und garantierte in den Städten ein Mindestmaß an Anerkennung. Doch mussten sich die Comici ganz in die hierarchische Struktur der absolutistischen Hofgesellschaften einordnen. Sie wurden zu politischen Spielfiguren in der gegenseitigen Machtdemonstration herrschender Adelsdynastien.[78] Fiel eine Spieltruppe bei einem höfischen Patron zudem in Ungnade, führte das von der Unterlassung der Unterstützung über ein Aufführungsverbot bis hin zur völligen Verbannung aus der Stadt – wie etwa die italienischen Comici, die auf Geheiß von Ludwig XIV. Paris verlassen mussten, weil sie sich in einer Aufführung satirische Anspielungen auf die heimliche Geliebte des Königs geleistet hatten.[79] Die Commedia-Truppen der Renaissance standen jedoch nicht nur in Abhängigkeit mit höfischen Patronen, sondern auch mit der aufkommenden Profession der *impresarii*:

> The extent of a company's autonomy, and the kind and degree of its relationship with a patron, were further complicated by the emergence, certainly before the turn of the century, of theatre impresarios. Product of the commercialization of theatre, they are important well before the end of the *cinquecento*.[80]

Ausgehend von Venedig befanden sich immer mehr Theatergebäude in den Händen reicher Patrizier, die mit den Schauspieltruppen Verträge zu Auftritten in ihren Theatern aushandelten. In beschränktem Maße können die *impresarii* der Renaissance also als Vorform jener Theaterdirektoren

---

78   Vgl. Richards/Richards 1990, S. 82 f.
79   Vgl. Mehnert 2003, S. 48 f.
80   Richards/Richards 1990, S. 84.

betrachtet werden, denen Künstler wie die Marx Brothers Jahrhunderte später ausgesetzt waren. In dem von Theatermanagern und Buchungsagenturen regierten American Vaudeville hatten die Performer sogar noch weniger Rechte. Die Macht des Theatermanagers war absolut, wie sich Groucho erinnerte:

> If you incurred his displeasure he could fine you or he could cancel you – "cancel" being an euphemism for throwing you bodily out of the theatre. [...] He was judge, jury and prosecuting attorney. [...] Even if you were lucky enough to have a written contract, it meant nothing. He could tear it up and throw it in your face.[81]

Theaterkettenbesitzer wie Edward Franklin Albee oder Benjamin Franklin Keith herrschten wie Zaren über ihr Unterhaltungsimperium: „To me, E. F. Albee was more powerful than the President of the United States", schrieb Harpo Marx zur Begegnung mit dem Theatermogul.[82] So fand die Karriere der Marx Brothers beinahe ein frühzeitiges Ende, als Albee die Brüder auf seine schwarze Liste setzte, da sie ohne seine Erlaubnis im Sommer 1922 eine Aufführungstour nach England unternommen hatten. Für die Marxens bedeutete das nicht nur ein Aufführungsverbot in den Häusern der großen Keith-Albee-Kette, sondern auch sämtlichen Theatern, die mit ihr in Verbindung standen: „When you were on [Albee's] blacklist, doors were closed in your face all over town."[83] Als *headliner* ohne Auftrittsmöglichkeiten setzten die Marx Brothers mit ihrer Produktion *I'll Say She Is!* (1923) schließlich alles auf eine Karte: Die *musical comedy*-Show war ihre letzte Möglichkeit, am Broadway Fuß zu schaffen. Das waghalsige Unternehmen gelang, mit *I'll Say She Is!* schufen die Marx Brothers nicht nur einen enormen finanziellen Erfolg, sondern erwarben zum ersten Mal die Gunst der Bildungselite New Yorks, angeführt von Alexander Woollcott. Seine Kritik zur Premiere von *I'll Say She Is!* war für die Marx Brothers die Eintrittskarte in eine neue Welt:

> Woollcott war ein hochangesehener Literat und der amerikanische Kritikerpapst seiner Zeit [...]. Die Rezension enthielt nicht einmal einen Ansatz einer Analyse der Marxschen Komik, besagte eigentlich nur, daß sich Mr. Woollcott königlich

---

81   G. Marx 2009, S. 79.
82   Marx/Barber 1990, S. 149.
83   Ebd., S. 155.

amüsiert hatte. Das genügte. Fortan gehörten die Intellektuellen zur treuesten Gefolgschaft der Brothers.[84]

Nach *I'll Say She Is!* folgten mit *The Cocoanuts* (1925) und *Animal Crackers* (1928) zwei weitere Broadway-Erfolge, bevor sie sich schließlich dem Film zu wanden. Zu dem Zeitpunkt waren Groucho, Harpo und Chico zwischen 39 und 42 Jahre alt. Zusammen blickten sie auf eine reiche Bühnenerfahrung zurück, die mehr als zwei Jahrzehnte umfasste und ihnen ermöglichte, ihren *comedy act* über die Zeit bis ins kleinste Detail zu perfektionierten. Bevor ihrem ersten Auftritt auf der Leinwand waren die Marx Brothers bereits als *comedy team* etabliert.

---

84   Schulte 1990, S. 53 f.

3. Die Filme der Marx Brothers

Abb.8: Wechselnde Szenarien, gleiche Figuren: Die Marx Brothers als blinde Passagiere in Monkey Business. *DVD-Screenshot.*

Auch wenn THE COCOANUTS (USA 1929, R: Robert Florey, Joseph Santley) der Startschuss ihrer zwanzigjährigen Filmkarriere darstellte, feierten die Marx Brothers bereits neun Jahre zuvor mit dem selbstfinanzierten Film HUMOR RISK (USA 1920?, R: Dick Smith) ihr eigentliches Leinwanddebüt. Der stumme Kurzfilm wurde jedoch nie veröffentlicht. Nach seiner miserablen Test-Vorführung gilt der Film gemeinhin als verloren oder vernichtet, über Handlung und Besetzung ist entsprechend wenig bekannt. Das Branchenblatt *Moving Picture World* führte in einer

Ausgabe vom 16. April 1921 Dick Smith als Regisseur auf;[85] Drehbuch schrieb Jo Swerling, der für die Marx Brothers die Vorlage ihrer erfolglosen *musical comedy*-Show *The Street Cinderella* (1918) verfasst hatte. HUMOR RISK stellte anscheinend eine Parodie auf die Stummfilmmelodramen der Zeit dar, doch besaß der Einakter nach Hector Acre keine Struktur: Harpo spielte die romantische Hauptrolle, ihm gegenüber war Groucho als Schurke zu sehen.[86] In dem Filmographie-Anhang seines Buches *Monkey Business. The Lives and Legends of the Marx Brothers* (1999) listet Simon Louvish zusätzlich Chico in der Rolle eines Italieners auf.[87] Nach den Erfahrungen von HUMOR RISK hatten die Marx Brothers zunächst wenig Interesse, weitere Filme zu produzieren. Als Paramount die Rechte zu *The Cocoanuts* aufkaufte und mit den Marx Brothers einen Anderthalb-Millionen-Dollar-Vertrag für vier weitere Filme abschloss, stellte der Film zu Beginn für die Marxens lediglich eine lukrative Nebeneinnahme zum Broadway dar. Als *Animal Crackers* 1930 ausgelaufen war, siedelten die Marx Brothers schließlich von New York nach Hollywood über und begannen mit MONKEY BUSINESS sich ganz dem Filmgeschäft zu widmen.

Das Filmwerk der Marx Brothers lässt sich in drei Phasen einteilen. Die erste Phase umfasst die fünf Filme, die im Auftrag des Paramount Pictures-Studios gedreht wurden: THE COCOANUTS, ANIMAL CRACKERS (USA 1930, R: Victor Heerman), MONKEY BUSINESS, HORSE FEATHERS und DUCK SOUP. Viele Kritiker sehen in diesen Filmen die Hochphase der Marx Brothers. Gerade in den Paramount-Filmen ist der Geist ihrer Bühnenzeit am lebendigsten; vor allem THE COCOANUTS und ANIMAL CRACKERS, die Verfilmungen ihrer letzten beiden Broadwaystücke, geben einen Eindruck, wie ein Theaterabend mit den Marx Brothers wohl gewesen sein muss. Die Paramount-Filme waren ganz beherrscht von der Vaudeville-Ästhetik der Marx Brothers und lieferten eine Variation des Immergleichen: Ob nun in einem Strandhotel zur Zeit des *estate booms* in Florida (THE COCOANUTS), auf der Suche nach einem verschwundenen Gemälde (ANIMAL CRACKERS), als blinde Passagiere auf einem Luxusdampfer (MONKEY BUSINESS, siehe Abb. 8), auf dem College (HORSE

---

85   Vgl. Uhlin 2013.
86   Vgl. Acre 1979, S. 107.
87   Vgl. Louvish 1999, S. 426.

FEATHERS) oder in den Wirren der Staatspolitik (DUCK SOUP) – In den Paramount-Filmen drehte sich die Handlung stets um die unveränderlichen Typen der Marx Brothers. Monologist Groucho war der schnellredende Zyniker. Ein geldgieriger Hochstapler, dem bevorzugt wohlhabende, alleinstehende Damen – dargestellt von Margaret Dumont – zum Opfer fielen, die er im selben Satz ebenso umwarb wie beleidigte: „Why, you're one of the most beautiful women I've ever seen, and that's not saying much for you" (ANIMAL CRACKERS). Dialektkomiker Chico gab den begriffsstutzigen aber verschlagenen Immigranten aus Italien, zugleich temperamentvoll und faul. Sein Opfer war die Sprache, die er mit seinen zahlreichen Wortspielen bis zur Unkenntlichkeit zerlegte, wie etwa in DUCK SOUP:

> **Minister of Finance**: Something must be done! War would mean a prohibitive increase in our taxes.
>
> **Chico**: Hey, I got an uncle lives in Taxes.
>
> **Minister of Finance**: No, I'm talking about taxes – money, dollars.
>
> **Chico**: Dollas! There's-a where my uncle lives. Dollas, Taxes!

Pantomime Harpo brachte mit seinem visuellen Slapstick den Gegenakzent zum eher sprachzentrierten Witz seiner Brüder. Ein stummer Kasper mit unbändigem Lebenshunger, der sich mittels Pfiffen und Hupen verständigte. Als lebende Cartoonfigur reichte er mehr als einmal über die Grenzen der Wirklichkeit hinaus, in den vielen Taschen seines weiten Mantels ließ er nicht nur allerhand verschwinden, sondern auch Unmögliches aus ihnen wieder erscheinen. Als er in HORSE FEATHERS um ein wenig Kleingeld angebettelt wird („Hey buddy, could you help me out, I like to get a cup of coffee"), zieht Harpo unvermittelt eine dampfende Tasse Kaffee aus seiner Hosentasche. Und schließlich *straight man* Zeppo, der vierte Bruder, mal in der Rolle des Verliebten, mal in der des Assistenten von Groucho, aber immer das fünfte Rad am Wagen. Stets im Schatten seiner Brüder und nie wirklich am Geschehen beteiligt.

Entsprechend war die Narration der Filme als bloßes Handlungsgerüst vorhanden, sie diente einzig dazu, von einem Gag zum nächsten überzuleiten und wurde in der Regel auf einer Stufe mit dem Bühnenbild oder den Requisiten als schmückendes Beiwerk zum Film angesehen. Äquivalent zu den vorskizzierten Stücken der Commedia dell'arte wurde die Nummerndramaturgie zusammengehalten von dem Erzählstrang zweier junger Verliebten. In der Commedia als Innamorati oder auch Amorosi bezeichnet, bildeten die unmaskierten Figuren der Verliebten einen Ausgleich zum wilden Stegreifspiel der vier Hauptmasken. In der Auseinandersetzung um einen glücklichen Ausgang ihrer Liebesgeschichte kam es in einem Strudel aus Intrigen, Listigkeiten, Verwechslungen, Maskeraden und Buffonerien zu ständigen Konflikten zwischen den Alten (Vecchi) und den Dienern (Zanni). Die Diener halfen dem jungen Paar, indem sie die Alten auszuspielen versuchten, die als Väter, eifersüchtige Ehemänner oder Nebenbuhler dem Glück der Verliebten im Wege standen.[88] Ein direkter Vergleich der Innamorati mit den Verliebten in den Marx-Brothers-Filmen findet sich bei Richard Andrews in seinem theaterwissenschaftlichen Werk *Scripts and Scenarios. The Performance of Comedy in Renaissance Italy* (1993):

> We should make the comparison, perhaps, with the films of the Marx Brothers in the 1930s and 1940s. In these comic 'texts', which seem in so many ways to parallel with the spirit of the *commedia dell'arte*, it was felt necessary – presumably by the public as well as by the makers of the films – to suspend the anarchic mayhem at intervals, and give way to ten minutes of sentimental exchanges and a song from Alan [sic] Jones (or equivalent) and his leading lady.[89]

Komplettiert wurde die unausgewogene Mischung aus *comedy acts* und bemühter Liebeserzählung in den Marx-Brothers-Filmen durch üppige Gesangs- und Tanzeinlagen sowie den unvermeidlichen Klavier- und Harfensoli von Chico und Harpo, die als ausgestellte Attraktionen die Narration der Filme pausieren ließen.

Was jedoch auf der Bühne für einen ausgefüllten Theaterabend völlig ausreichte, hatte damals für viele Kinozuschauer auf der Leinwand nicht mehr funktioniert. DUCK SOUP, der wohl absurdeste Film der Marx Brothers, wurde zu einem großen finanziellen Misserfolg. Bei all der Komik bemängelte die zeitgenössische Kritik die fehlende filmische Qualität der Marx Brothers-Streifen. Nach DUCK SOUP war der Vertrag mit Paramount ausgelaufen; Zeppo hatte inzwischen das Team verlassen. Die *The Four Marx Brothers* traten nun als *The Marx Brothers* auf. Schließlich nahm sich Filmproduzent Irving Thalberg der Marx Brothers an und versuchte, aus ihrem bisherigen „abgefilmten Theater" erfolgreiche Kinofilme zu machen. Es kam zu einem Vertrag mit dem damals renommiertesten Studio, Metro-Goldwyn-Mayer, infolgedessen insgesamt fünf Filme produ-

---

88   Vgl. Esrig 1985, S. 126 ff.
89   Andrews 1993, S. 194.

ziert wurden: A NIGHT AT THE OPERA, A DAY AT THE RACES (DAS GROSSE RENNEN, USA 1937, R: Sam Wood), AT THE CIRCUS (DIE MARX BROTHERS IM ZIRKUS, USA 1939, R: Edward Buzzell), GO WEST (USA 1940, R: Edward Buzzell) und THE BIG STORE (DIE MARX BROTHERS IM KAUFHAUS, USA 1941, R: Charles Reisner). Diese zweite Phase des Filmwerks der Marx Brothers war geprägt durch die paradoxe Vorstellung, den anarchistischen Witz der Marxens in eine adäquate Form pressen zu wollen. Den Misserfolg von DUCK SOUP schrieb Thalberg der Tatsache zu, dass der Film trotz seiner vielen Lacher am Publikum keinen Anklang fand, da es einer logischen Geschichte mangelte. Getreu des Vorsatzes „You can't build insanity on insanity"[90] bettete Thalberg die antinarrativen Exzesse der Marx Brothers in eine nachvollziehbare Handlung. Die Gags der Marx Brothers wurden um die Hälfte gekürzt, um einer überzeugenden Liebesgeschichte Platz zu machen. In einer Mischung aus Komik und Pathos versuchte Thalberg sogar, aus den typisierten „Masken" der Marx Brothers geerdete Charaktere zu gestalten, in die sich das Publikum einfühlen konnte. Zu dem Preis, dass die Marx Brothers immer mehr ihre fantastische, andersweltliche Komponente verloren:

> Harpo can never step outside the bounds of reality any more, for one example; he may use an ax for a job as simple as slicing salami, but now it must be an ax lying handily on a nearby barrel, not concealed mysteriously on his person.[91]

Thalbergs Berechnungen gingen auf. A NIGHT AT THE OPERA wurde zu einem riesigen Erfolg, ebenso wie sein Nachfolger A DAY AT THE RACES, so dass sein Handlungsschema aus A NIGHT AT THE OPERA als Vorlage für die weiteren MGM-Filme diente:

> It established a recipe [...] which would become common to all subsequent MGM Marx Brothers films: an opening scene with Groucho; a friendship struck-up or cemented with the romantic hero by Chico; Chico going several rounds with Groucho. Add a pot pourri of lunacy in a plush setting involving all three Brothers, a fall from grace, and top with a run-amok finale in which all is righted.[92]

Nach Thalbergs Tod im Jahre 1936 verlor die neue Richtung der Marx-Brothers-Filme ihre treibende Kraft. Die Marx Brothers ließen sich zu-

---

90   Vgl. Chandler 2007, S. 355.
91   Vgl. Adamson 1973, S. 283.
92   Stables 1992, S. 49.

nächst für ein kleines Gastspiel beim Studio RKO engagieren, dessen Ergebnis, ROOM SERVICE (USA 1938, R: William A. Seiter), eine Sonderstellung im Oeuvre der Marxens einnimmt: ROOM SERVICE ist der erste und einzige Film, der nicht originär für die Marx Brothers geschrieben wurde. Der Film basierte auf dem gleichnamigen Stück von John Murray und Allen Boretz und wird von Kritikern und Fans nicht als Marx Brothers-Film, sondern als Film mit den Marx Brothers betrachtet. Groucho selbst sagte dazu: „'It was the first time we tried a play we hadn't created ourselves. We can't do that. [...] We can't do gags or play characters that aren't ours. We tried it and we'll never do it again.'"[93] Die Marx Brothers verloren allmählich das Interesse an ihren Filmen, mühsam arbeiteten sie sich die restlichen drei Filmproduktionen bei MGM ab, deren Qualität kontinuierlich sank. Groucho in einem Brief an Arthur Sheekman:

> The boys at the studio have lined up another turkey for us and there's a strong likelihood that we'll be shooting in about three or four weeks. I'm not looking forward to it but I guess it's just as well to get it over with. I saw the present one the other day and didn't care much for it. I realize I'm not much of a judge but I'm kind of sick of the whole thing and, on leaving the theater, vowed that I'd never see it again.[94]

Die Entwicklung der Marx-Brothers-Filme in dieser zweiten Phase ihres Werkes erinnert an den Niedergang der Commedia im 18. Jahrhundert. Aufgrund des Verlustes von Italien als geistige Heimat sowie der Unmöglichkeit, in einer fremden Sprache zu improvisieren, verlagerte sich der Fokus der Stücke immer mehr von den Hauptmasken zu den Verliebten selbst.[95] Ebenso wurden die Marx Brothers als *comic performer* durch die dominant werdende Liebeshandlung aus dem Mittelpunkt ihrer Filme verdrängt. Statt anarchistischer Desintegration herrschte nun die konventionelle Integration der *romantic comedy*, die den idealen Glückszustand in der Wiederherstellung einer geordneten Gemeinschaft sah.[96]

Schließlich hatte das Aufkommen der affirmativen Komödie, der *social comedies* von Regisseuren wie Frank Capra und natürlich der Siegeszug

---

93   Kanfer 2000, S. 231.
94   G. Marx 1997, S. 21.
95   Vgl. Esrig 1985, S. 136.
96   Vgl. Jenkins 1992, S. 237.

der *screwball comedy* das Bedürfnis nach dem komischen Antihelden vorerst abgelöst. Die großen Clowns der Depressionszeit, die mit ihrem zynischen Witz Kritik am gesellschaftlichen Status quo übten, wurden nicht mehr gebraucht.[97] Ebenso wie ihre Kollegen Laurel und Hardy, Mae West oder W.C. Fields waren die Marx Brothers aus der Mode geraten waren. Nach THE BIG STORE gaben sie offiziell ihre Trennung als *comedy team* bekannt. Zwar konnte Chico seine Brüder überzeugen, zwei weitere Filme für United Artists zu drehen, doch blieb von dem einstigen Erfolg der anarchistischen Comedy-Stars der 1930er Jahre in A NIGHT IN CASABLANCA (EINE NACHT IN CASABLANCA, USA 1946, R: Archie Mayo) und LOVE HAPPY (DIE MARX BROTHERS IM THEATER, USA 1949, R: David Miller), der letzten Phase der Marx Brothers, nicht mehr viel übrig. A NIGHT IN CASABLANCA machte vor allem wegen des berühmten Briefwechsels zwischen Groucho Marx und dem Warner Brothers-Studio auf sich aufmerksam: Angeblich sah Warner Brothers in der Verwendung des Namens „Casablanca" im Titel des Marx-Films eine Urheberrechtsverletzung gegenüber ihrer eigenen Filmproduktion CASABLANCA (USA 1942, R: Michael Curtiz). Auf das absurde Anliegen des Studios reagierte Groucho mit einer Reihe von komischen Briefen, in denen er die Logik des Studios auf den Kopf stellte:

> You claim you own Casablanca and that no one else can use that name without your permission. What about "Warner Brothers"? Do you own that, too? You probably have the right to use the name Warner, but what about Brothers? Professionally, we were brothers long before you were.[98]

Für A NIGHT IN CASABLANCA agierten die Marx Brothers zum letzten Mal als *comedy team* gemeinsam vor der Kamera. In LOVE HAPPY waren lediglich Chico und Harpo in gemeinsamen Szenen zu sehen; Groucho trat als Erzähler in der Rahmenhandlung des Films ohne seinen markanten falschen Schnurrbart und Augenbrauen auf. Höhepunkt des Films ist der Kurzauftritt einer noch jungen Marilyn Monroe in Grouchos Detektivbüro (siehe Abb. 9). Schließlich brachte Regisseur Irwin Allen in seinem großangelegten Ensemblefilm THE STORY OF MANKIND (USA 1957) Groucho, Chico und Harpo noch einmal auf die Kinoleinwand – jedoch in vonei-

---

97 Siehe dazu: Wes D. Gehring (2007): *Film clowns of the depression: twelve defining comic performances.* Jefferson, NC [u.a.]: McFarland.

98 G. Marx 1997, S. 16.

nander getrennten Cameo-Auftritten: Chico stand als Mönch Christopher Columbus zur Seite, Harpo entdeckte als stummer Isaac Newton das Gesetz der Schwerkraft und Groucho schwindelte als Pilgervater einem Indianerstamm die Insel Manhattan ab.

Abb.9: Zwei Leinwandlegenden treffen aufeinander: Groucho Marx und Marilyn Monroe in LOVE HAPPY. DVD-Screenshot.

In der letzten Filmphase der Marx Brothers machte sich die Last der Jahre mehr als deutlich bemerkbar. Die zunehmende Diskrepanz zwischen sichtlich gealtertem Darsteller und altersloser Spielfigur wurde gerade für Chico und Harpo ein großes Problem, waren ihre Masken doch eine Verkörperung der Jugend.[99] Im Gegensatz dazu verhalf ironischerweise das Alter Groucho dazu, seine Maske des lüsternen Alten, die er seit *Fun in Hi Skule* spielte, nun in vollem Ausmaß zu verkörpern: „That the man of so

---

99   Vgl. Gehring 1987, S. 95 ff.

much sexual comedy innuendo should actually reach the age of his comic dirty old man merely enriched the humor. He even officially became crowned King *Leer*."[100] Während Harpos und Chicos Filmkarriere mit LOVE HAPPY endete, war Groucho in Variationen seiner Marx Brothers-Persönlichkeit in weiteren Kinofilmen zu sehen. Obwohl nun als Solo-künstler auftretend, wurde Groucho in diesen Filmen interessanterweise meistens ein namhafter Spielpartner zur Seite gestellt: In den *musical comedy*-Filmen COPACABANA (USA 1947, R: Alfred E. Green) und DOUBLE DYNAMITE (DOPPELTES DYNAMIT, USA 1951, R: Irving Cummings) stand Groucho jeweils das Talent von Carmen Miranda (COPACABANA) und Frank Sinatra (DOUBLE DYNAMITE) gegenüber; in A GIRL IN EVERY PORT (USA 1952, R: Chester Erskine) diente William Bendix' Rolle des kräftigen, aber naiven Navy-Kameraden Tim als komischer Gegensatz zu Grouchos Part des schnellredenden Seemannes. Grouchos letzte Filmrolle als Gott in Otto Premingers Komödie SKIDOO (USA 1968) kommt dagegen nicht über den Status eines Gastauftrittes hinaus. Neben seinen vereinzelten Solo-Filmen kultivierte sich Groucho zudem als Comedy-Ikone in den 1950er Jahren durch seine langlebige Quizshow YOU BET YOUR LIFE (USA 1950-61, NBC). In der TV-Sendung amüsierte Groucho die Zuschauer durch die improvisierten Gespräche mit seinen Gästen, in denen er durch schlagfertige Kommentare und gewitzte *one liner* sein spontanes Talent unter Beweis stellte. Obwohl über die Titelmelodie der Sendung mit seiner Filmpersona in Verbindung gesetzt (sie bestand aus einer Instrumentalversion des berühmten Songs *Hooray for Captain Spaulding* aus ANIMAL CRACKERS), hatte der schlagfertige, aber harmlose Moderator von YOU BET YOUR LIFE nur noch wenig mit dem einstmaligen scharf-züngigen Zyniker gemein: „[…] Groucho decisively abandoned the old screen image to become a friendly, avuncular figure, if with a roguish eye for the prettier guests."[101] Die Subversion der Marx Brothers war nun endgültig in den Mainstream übergegangen.

Dieser grobe Überblick über den filmischen Werdegang der Marxens zeigt, dass sich in Hinblick auf die vorliegende Untersuchung gerade die Paramount- und MGM-Filme der Brüder als ergiebiges Ausgangsmaterial erweisen. Infolgedessen stehen sie im Mittelpunkt der Betrachtung.

---

100   Ebd., S. 95.
101   Eyles 1973, S. 189.

A NIGHT IN CASABLANCA und LOVE HAPPY werden als angehängtes Spätwerk nur in einzelnen Fällen hinzugezogen. Aufgrund seines Außenseiterstatus' im Kanon der Marx Brothers wird auf ROOM SERVICE dagegen ebenso wenig eingegangen wie auf Grouchos Einzelfilme. Da es im Vergleich mit der Commedia dell'arte vor allem um das gemeinsame Spiel der Marx Brothers gehen wird, werden nur die Filme in der nachfolgenden Untersuchung hinzugezogen, denen die Performance der Marx Brothers als Hauptattraktion zugrunde lag.

3.1 „Just four Jews trying to get a laugh": Die Komik der Marx Brothers

Seit über 80 Jahren haben Kritiker, Akademiker, Cineasten und Kunstschaffende in zahllosen Rezensionen, Artikeln, Essays und Büchern versucht, sich dem besonderen Humor der Marx Brothers aus den unterschiedlichsten Perspektiven anzunähern. So detailreich und überzeugend ihre Ausführungen auch sind, hat man beim Lesen doch den Eindruck, dass ihr Ansatz nur einen Teil der Marx Brothers beschreibt, nicht aber das Ganze. Je fester der Griff an das vermeintlich wahre Wesen der Marxens angesetzt wird, desto stärker entgleitet es zwischen den Fingern. Daher soll im Folgenden eine Auswahl von Ansätzen vorgestellt werden, aus deren Summe sich ein erster Eindruck der Marx Brothers ergeben wird.

Die Kategorie, mit der die Filme der Marx Brothers am häufigsten etikettiert werden, ist die der *social satire*. Vor allem seit ihrer Wiederentdeckung in den 1960er Jahren wurden die Marx Brothers in Festivalretrospektiven und Wiederaufführungen als Gesellschaftskritiker gefeiert. So beschrieb Raymond Durgnat in seiner Schrift zur Marx Brothers-Retrospektive der Viennale 1966 Groucho, Chico und Harpo als „dreizackter Angriff auf die menschliche Gesellschaft".[102] Für ihn repräsentieren die Marx Brothers das amerikanische Phänomen des unangepassten Einwanderers:

> Mit den Marx Brothers konnten die Einwanderer befreiende Rache nehmen an der Xenophobie der Amerikaner, von denen sie so lange als Bürger dritter Klasse behandelt wurden, bis sie sich assimiliert hatten. In ihren Filmen wird jeder Aspekt des amerikanischen Lebens geschändet: der Snobismus der obersten Gesell-

---

102   Durgnat 1966, S. 17.

schaftsschichten (in *Animal Crackers*), das Universitätsleben (in *Horse Feathers*), die Politik (in *Duck Soup*) und so weiter, über die Oper, den Zirkus, die Pionierromantik und die Warenhäuser bis zu den Konventionen der „harten" Kriminaromanhelden (in *Love Happy*).[103]

In seiner Betrachtung der satirischen Qualitäten der Marxens konzentriert sich der amerikanische Filmkritiker James Agee dagegen vor allem auf Groucho. Agee zufolge arbeite Groucho vielmehr mit geistreichem Witz (*wit*) als mit einfacher Komik. Doch werde er gebremst von seinem Publikum, das seinen wildesten Ausführungen nicht mehr folgen könne:

> If you have to choose between fun for brain's sake and fun for fun's sake, I certainly prefer the latter, local brand. But because there is no sufficient audience for the use of the brain for fun's sake, I suspect that we lose, in Groucho, the funniest satirist of the century.[104]

Am ausführlichsten hat sich Martin A. Gardner in seinem Buch *The Marx Brothers as Social Critics: Satire and Comic Nihilism in Their Films* (2009) mit der *social satire* der Marx Brothers auseinander gesetzt. Für Gardner stellt ein komischer Nihilismus die Essenz der Marx Brothers-Filme dar. Hinter der Oberfläche aus Vaudeville-Routinen und visuellen Gags verstecke sich eine scharfe Kritik der amerikanischen Kultur, die sich vor allem in der verbalen Komik der Marxens äußere. Entsprechend stehen nicht nur die Brüder selbst, sondern auch ihre namenhaften Autoren im Fokus der Untersuchung.[105] Gardner weißt die Marx Brothers sowie ihre Drehbuchschreiber als Gesellschaftskritiker aus, die im Sinne von Molières didaktischem Verständnis der Satire soziale Missstände aufdecken, um deren Reform zu bewirken. Ihre satirischen Zielscheiben unterteilen sich in übergeordnete Kategorien, nämlich „historical events, political practices, economic conditions, manners and customs, literary subjects, and popular entertainment reflecting the socio-cultural background of that time."[106] Dabei stehen nach Gardner die satirischen Kommentare der Marxens in einem Wechselspiel aus konkretem Bezug zu politischen und kulturellen Ereignissen sowie der allgemeinen Bloßstellung der durch Konvention, Gewohnheit und Einbildung verkrusteten Aus-

---

103   Durgnat 1966, S. 12.
104   Agee 2000, S. 192.
105   Vgl. Gardner 2009, S. 29 ff.
106   Ebd., S. 176.

wüchse der Gesellschaft. Ihre Kritik zielte auf sämtliche Aspekte des US-amerikanischen Lebens zu der Zeit, darunter Prohibition, der Florida-Landboom, Hollywoods Filmzensur durch den Production Code, Western- und Detektivfilme, höhere Bildung, Politik, Krieg, Sex, Kapitalismus und die Arroganz einer protestantischen weißen Mittel- und Oberschicht.

Obwohl Autoren wie Durgnat oder Gardner in ihrem Urteil recht eindeutig sind, gibt es andere Kritiker, denen die satirische Komponente der Marx Brothers in ihren Filmen weniger greifbar erscheint. So schrieb Richard Rowland: „Certainly Groucho's eyebrow is raised to the precise degree where it becomes comic; certainly the sag of his pants and the eccentric contours of his body are wonderful caricature, though we are not quite sure of what."[107] Die Komik der Marx Brothers erwecke also nur den Anschein einer Satire, sei aber in Wirklichkeit etwas anderes. Für Alan Dale fehlt den Marx-Brothers-Filmen die Fokussierung der Satire sowie deren Zweckgebundenheit: Statt sich auf ein Ziel zu konzentrieren, gehen ihre komischen Angriffe in alle Richtungen:

> I don't think the Marx Brothers would still be so popular if they had gone in merely for topical satire. Rather, they follow a long tradition of 'festive abuse' that isn't so much aimed at a target as released and left free to radiate in all directions, even back on the clowns themselves.[108]

Selbst bei DUCK SOUP, für viele der satirischste Film der Marx Brothers, scheiden sich die Geister. In dem Buch *The Marx Brothers. Their World of Comedy* (1973) sieht Autor Allen Eyles den Film als deutliche Kriegssatire, in der die Sinnlosigkeit des Krieges zur Schau gestellt wird: „The end of *Duck Soup* is a comment on all wars, that they are pointless, tending to arise from trivialities, to be rejoiced in by men as a kind of super-game, and won by chance and luck."[109] In seiner Marx-Biographie *Groucho, Harpo, Chico, and sometimes Zeppo* (1973) führt Joe Adamson als Gegenthese die Aussagen der Autoren des Filmes selbst an:

> Harry Ruby [...] says, "We wrote shows and movies for only one purpose: Entertainment! That is all there was to it!" Arthur Sheekman disavows the mantle of satirists somewhat more reluctantly: "Comedy is best when you upset stuffy peo-

---

107 Rowland 1947, S. 265.
108 Dale 2000, S. 132.
109 Eyles 1973, S. 109.

ple or notions, but that doesn't mean that you start out with social criticism. Comedy almost invariably turns into criticism of some kind, and Marx Brothers comedy is criticism of everybody who is pretentious."[110]

In der Auseinandersetzung, ob DUCK SOUP nun eine Satire sei oder nicht, verlagert Gerald Weales in seinem Werk *Canned Goods as Caviar. American Film Comedy of the 1930s* (1985) den Blick auf die subversive Qualität der Marx Brothers, den Zuschauer an ihrer destruktiven Energie teilhaben zu lassen:

> The unreality of the Marxes and their world, which makes it difficult to take their specific social comments seriously, becomes a vehicle for a deeper reality, the energy they generate in their collective endeavor to deflate, destroy, defuse, defenestrate everything around them and in their guiltless joy in the process. The audience, laughing with them, taps into that energy.[111]

Hinter dem Eindruck der Satire verbirgt sich die Stoßrichtung der Marx Brothers, zu attackieren, verspotten und auf den Kopf zu stellen. In diesem Kontext wurden ihre Filme oft als verrückt, antiheroisch, absurd, surrealistisch und anarchistisch bezeichnet. Den verschiedenen Bedeutungsfeldern dieser einzelnen Zuschreibungen soll im Folgenden skizzenhaft nachgegangen werden. Formuliert sich dahinter doch eines der größten Paradoxien der Marx Brothers: Ihr durch und durch anti-intellektueller Humor fand vor allem großen Anklang bei der Geisteselite Amerikas sowie renommierten Künstlern der europäischen Avantgarde des 20. Jahrhunderts.

So stellt Literaturwissenschaftler John Willett in seiner Monographie *The Theatre of Bertolt Brecht* (1959) eine Beziehung zwischen Brecht und den Marx Brothers her, indem er die Hochzeitsszene aus Brechts *Der kaukasische Kreidekreis* (1948) von A NIGHT AT THE OPERA beeinflusst sieht.[112] Bereits zeitgenössische Kritiker brachten die Marx Brothers in direkte Verbindung mit einer Spielart des American Humor, die sich in den 1920er Jahren kultivierte und von Alva Johnston als „lunatic school of writers" bezeichnet wurde.[113] So verweist Allen Eyles auf die Bedeutung des Jahres 1925, in der zeitgleich zum Erscheinen des von Harold Ross

---

110   Adamson 1973, S. 210.
111   Weales 1985, S. 78.
112   Vgl. Willett 1960, S. 124.
113   Vgl. Weales 1985, S. 57.

gegründeten Magazins *The New Yorker* die Marx Brothers mit ihrem Broadway-Debüt *I'll Say She Is!* auf sich aufmerksam machten. Eyles beschreibt die Marxens und den *New Yorker* als komplementäre Kräfte:

> Whereas the *New Yorker* stood at the pole of sophistication and genteel humor, the Marxes were based on its antipodes, being coarse, outrageous anti-sophisticates in their comedy. But the two were linked in many respects and between them lay the spectrum of progressive humor of the next decade.[114]

Das Verhältnis zwischen den Marx Brothers und dem *New Yorker* war von einer gegenseitigen Befruchtung gekennzeichnet, dass die Herausbildung der Gattung des komischen Antihelden der 1920er Jahre maßgeblich beeinflusst hatte: Autoren des *New Yorker* wie Alexander Woollcott umwarben in Kolumnen regelmäßig die neuesten Produktionen der Marxens, oder waren wie Sidney J. Perelman im Falle von HORSE FEATHERS und MONKEY BUSINESS sogar an ihren Drehbüchern beteiligt, während Groucho kleine Artikel im *New Yorker* veröffentlichte. Über ihre gewitzten Drehbuchautoren, darunter George S. Kaufman, Morrie Ryskind und Perelman, rückten die Filme der Marx Brothers in geistige Nähe zu großen amerikanischen Humoristen wie Robert Benchley, James Thurber oder Donald Odgen Stewart[115] und darüber hinaus zur englischen Nonsense-Literatur eines Lewis Carroll oder Edward Lear.[116] Diese Verbindung bezog sich vor allem auf die verbale Komik der Marx Brothers. Dadaistische Wortspiele und das Außerkraftsetzen der Logik in *non-sequitur*-Redeflüssen fanden sich sowohl in den Kurzgeschichten und Kolumnen des *New Yorker* als auch in den Dialogen der Marx-Brothers-Filme. So liest sich der Beginn von Robert Benchleys Kolumne „A little Sermon on Success" als jene Art von zusammenhangsloser Wortakrobatik, mit der Groucho typischerweise seine Gesprächspartner verwirrte:

> A famous politician once remarked, on glancing through a copy of Jo's Boys by Louisa M. Alcott, that he would rather have written Three Men in a Boat than to

---

114   Eyles 1973, S. 14.
115   Vgl. Gehring 1987, S. 111 ff. Die literarische Verbundenheit zu Humoristen wie James Thurber oder Sidney J. Perelman manifestierte sich zudem in Grouchos Freundschaft zu diesen Personen, die sich in einem regen Briefwechsel artikulierte. Vgl. G. Marx 1997, S. 105 ff.
116   In ANIMAL CRACKERS lässt Groucho in einem seiner *non-sequitur*-Monologen sogar ein Zitat aus Carrolls *Alice in Wonderland* (1865) einfließen: "And now Madam, I feel the time has come, the walrus said…"

have dug the Suez Canal. As a matter of fact, he never did either, and wasn't quite as famous a politician as I have tried to make out. But he knew what he meant by Success.[117]

Wenn es um die Zersetzung von Logik in Marx-Brothers-Filme geht, sind die Dialoge aus DUCK SOUP unübertroffen. Gern zitiertes Beispiel ist folgende Szene: Groucho (alias Rufus T. Firefly) will als Staatspräsident von Freedonia den offensichtlich inkompetenten wie auch verantwortungslosen Chico (alias Chicolini) für einen Posten in seinem Kabinett anheuern. Statt einer ernsthaften Befragung gibt Groucho seinem Gesprächspartner jedoch ein Rätsel ohne Antwort, die Parodie eines Rätsels, auf:

> Now listen here. I've got a swell job for you, but first I'll have to ask you a couple of important questions. Now, what is it that has four pair of pants, lives in Philadelphia, and it never rains but it pours?

Chico antwortet, indem er den Spieß herumdreht und Groucho sein eigenes Nonsense-Rätsel beantworten lässt: „Atsa good one. I give you three guesses." Wie selbstverständlich lässt sich Groucho auf den Rollentausch ein. Ein Ratespielchen beginnt, das von vornherein jeglichen Bezug zur Sinnhaftigkeit verloren hat. Bedeutungsfreie Äußerungen werden unlogisch aneinander gekettet, Absurdität mit noch größerer Absurdität gekontert: „Is it male or female?" – „No, I no think so." – „Is he dead?" – „Who? " – „I don't know. I give up." – „I give up too." Im Anschluss testet Chico die Grenzen des Spiels aus, indem er mit seinem zweiten Rätsel Groucho offen beleidigt: „Now I ask you another one. What is it got big black-a moustache, smokes a big black cigar, and he is a big pain in the neck?" Mit einem gewissen Grad an selbstzerstörerischer Freude geht Groucho auf Chicos Dreistigkeit ein („Now, don't tell me. Has a big black moustache, smokes a big black cigar and is a big pain in the… Does he wear glasses?"), bevor er wie zu erwarten mit Empörung reagiert. Unerwartet allerdings ist das Ende des Dialogs, in dem Chico entgegen aller Wahrscheinlichkeit seinen Posten verliehen bekommt:

> **Groucho:** Just for that, you don't get the job I was going to give you.
>
> **Chico:** What job?
>
> **Groucho:** Secretary of War.
>
> **Chico:** All right, I take it.

---

117   Benchley 1970, S. 140.

Groucho: Sold.

Das Beispiel aus DUCK SOUP zeigt auch, dass jene geistige Verbundenheit zu literarischen Vorbildern des American Humor nicht überschätzt werden sollte. Zwar standen die Marx Brothers in ihren Filmen ebenso wie der *little man* in den Kurzgeschichten von Thurber oder Benchley als Antihelden der Absurdität der modernen Welt gegenüber. Doch im Gegensatz etwa zum tagträumerischen Protagonisten aus Thurbers berühmter Kurzgeschichte *The Secret Life of Walter Mitty* (1939) verzweifelten die Marxens nicht am Irrsinn ihrer Umwelt, sondern fanden eine Art, zurückzuschlagen, wie das DUCK SOUP-Beispiel deutlich macht: „[T]he Marxes donned the mantle of comic absurdity as a defense and beat the world gone mad at its own game. [...] The latter daydream victories of Thurber's Walter Mitty were business as usual for the Marxes."[118] Die Überwindung einer absurden Welt durch noch größere Absurdität, das Gefühl eines allgemein vorherrschenden Irrsinns sowie die Abkehr vor der rationalen, wörtlichen Bedeutung der Sprache hat die Marx Brothers darüber hinaus zu einem beliebten Bezugspunkt einiger Autoren des absurden Theaters gemacht. 1960 soll Eugène Ionesco zur amerikanischen Premiere seines Stückes *L'Impromptu de l'Alma* (*Der Hirt und sein Chamäleon*, 1956) gesagt haben, dass die drei größten Einflüsse auf sein Schaffen Groucho, Chico und Harpo Marx gewesen seien.[119] Tatsächlich kommt Martin Esslin in seinem bedeutenden Buch *The Theatre Of The Absurd* (1961) mehrmals auf die Marx Brothers zu sprechen. Für ihn standen sie nämlich auf der Schnittstelle zwischen zwei wesentlichen Einflüssen des absurden Theaters – der Commedia dell'arte und dem Vaudeville:

> Mit der Schnelligkeit ihrer Reaktionen, ihrer Geschicklichkeit als Musikclowns, HARPOS Stummheit und dem wilden Surrealismus ihres ‹Dialogs› schlagen die MARX BROTHERS eine Brücke zwischen der *commedia dell'arte* und dem Vaudeville auf der einen und dem Theater des Absurden auf der anderen Seite.[120]

Neben den „surrealen" Dialogen der Marx Brothers, die in der Tradition amerikanischer Nonsense-Schriftsteller wie Ring Lardner, Robert Benchley oder Sidney J. Perelman stehen, vollzieht sich für Esslin die absurde

---

118   Gehring 1987, S. 112.
119   Gardner 2009, S. 8.
120   Esslin 1985, S. 257.

Komik der Marxens ebenso deutlich in ihren grotesken Körperaktionen. Trafen Groucho, Chico und Harpo in einer Szene zusammen, stürzten sie in einem perfekt aufeinander abgestimmten, temporeichen Spiel ihre Umgebung ins Chaos. Ihr Spiel ist die aufs äußerste übertriebene Parodie, in der sie nicht nur Sprache, sondern auch alltägliches Verhalten mit den Mitteln der Farce auseinandersetzten und ad absurdum führten.

In den Stücken bedeutender Vertreter des absurden Theaters lassen sich dementsprechend starke Einflüsse der Marx Brothers nachspüren. Zu seinem ersten Stück *La Cantatrice chauve* (*Die kahle Sängerin*, 1950) schrieb Ionesco nachträglich: „Anfangs hatte ich mir für *Die kahle Sängerin* eine burleskere, dynamischere Inszenierung vorgestellt, ein wenig im Stil der Gebrüder Marx, was eine Art Knalleffekt erlaubt hätte."[121] Für ihr absurdes Bühnengeschehen orientierten sich die Theatermacher vor allem an den Slapstick-Elementen der Marx Brothers. Die Comedy-Routine, in der die Marxens ihre Widersacher in den Wahnsinn treiben, indem sie ununterbrochen mit ihnen die Hüte tauschen – Harpo und Chico mit dem Limonaden-Verkäufer (Edgar Kennedy) in DUCK SOUP, Groucho, Chico und Harpo mit Passagieren einer Postkutsche in GO WEST – mag etwa als Inspiration für folgende Szene aus Samuel Becketts *En attandant Godot* (*Warten auf Godot*, 1953) gedient haben:

Vladimir: [...] Must have been a very fine hat. (He puts it on in place of his own which he hands to Estragon.) Here.

Estragon: What?

Vladimir: Hold that.

Estragon takes Vladimir's hat. Vladimir adjust Lucky's hat on his head. Estragon puts on Vladimir's hat in place of his own which he hands to Vladimir. Vladimir takes Estragon's hat. Estragon adjusts Vladimir's hat on his head. Vladimir puts on Estragon's hat in place of Lucky's which he hands to Estragon. Estragon takes Lucky's hat. [...] Vladimir adjusts Lucky's hat on his head. Estragon hands Vladimir's hat back to Vladimir who takes it and hands it back to Estragon who takes it and hands it back to Vladimir who takes it and throws it down.

How does it fit me?[122]

---

121   Ionesco 1964, S.180.
122   Beckett 1982, S. 46 f.

Abb.10: Eskalation ins Absurde bei der berühmten Kabinenszene aus A NIGHT AT THE OPERA. DVD-Screenshot.

Die Hut-Szenen der Marx Brothers haben ihre Wurzeln dieses Mal jedoch nicht im Vaudeville, sondern der Stummfilm-Slapstick der 1920er Jahre: Das Vertauschen der Kopfbedeckung gehörte seit DO DETECTIVES THINK? (USA 1927, R: Fred Guiol) zum beliebten Repertoire von Stan Laurel und Oliver Hardy. Bindeglied der beiden Comedy-Teams war Regisseur Leo McCarey, der an der Entwicklung der Filmfiguren von Laurel und Hardy maßgeblich beteiligt war und bei seiner Regie für DUCK SOUP Erfahrungen aus seiner Arbeit für Stummfilmkomödien mit einfließen ließ.[123] Zu den Slapstick-Momenten, die originär auf die Marx Brothers zurückzuführen ist, zählt dagegen die berühmte Kabinenszene aus A NIGHT AT THE OPERA, in der sich nach Martin Esslin das „irrsinnige Wuchern und die ganze Tollheit" zeige, die später bei Ionesco zu finden sei (siehe Abb.

---

123   Vgl. Gehring 2005, S. 91 ff.

10).[124] In dieser Szene füllt sich Grouchos winzige Schiffskabine, in der er mit seinen unfreiwilligen Gästen Chico, Harpo und dem *romantic lead* Riccardo (Allan Jones) ohnehin kaum Platz findet, nach und nach mit weiteren Besuchern, bis beim Öffnen der Tür eine Kaskade von Menschen herausfällt. Die Komik der Szene besteht in ihrer absurden Steigerung, mit der jedes Mal ein neuer Besucher unter Angabe eines immer banaleren Grundes in die offensichtlich überfüllte Kabine eintreten will, wie auch der perversen Freude von Groucho, mit der er den Besucher zum Eintreten animiert, statt ihn wegzuschicken: „Do you want a manicure?" – „No. Come on in!". Den Anfang machen zwei Zimmermädchen, um das Bett zu machen. Danach kommen ein Mechaniker, um nach der Heizung schauen, sowie eine Handpflegerin, die Groucho eine Maniküre anbietet („You'd better make 'em short. It's getting kind of crowded in here"). Ihnen folgen der übergroße Assistent des Mechanikers, eine junge Frau auf der Suche nach ihrer Tante Minnie („If she isn't in here, you can probably find somebody just as good"), eine eifrige Putzfrau und schließlich vier Stewards, die Tablett-Ladungen von Essen servieren. Der Irrsinn dieser grotesken Situation visualisiert sich in dem sich ständig in Bewegung befindlichen Menschenknäuels, bei dem alle Beteiligten in sturer Ausübung ihrer jeweiligen Tätigkeit sich gegenseitig behindern. Im Mittelpunkt des Tumults „steht" ein schlafender Harpo, der wie ein lebloses Objekt von einem Kabinenbesucher zum nächsten weitergereicht wird und dabei traumwandlerisch jede Frau umklammert, die ihm in die Arme gerät. Die Automatisierung des Menschen als komischer Effekt des Slapsticks – Nicht von ungefähr lassen sich in dieser Szene Assoziationen zu Henri Bergsons Theorie des Lachens herstellen.[125] Maurice Charnier betont in seinem Buch *The Comic World of the Marx Brothers' Movies: "Anything Further Father?"* (2007) dabei allerdings vor allem die Verbindung zwischen dem eigenwilligen Humor der Marx Brothers, der sich in einer Flut von Witzen zu einem unkontrollierten Höhepunkt steigert, und Bergsons Faszination für den durch Übertreibung und Exzess erzielten Effekt der Komik.[126] Das Lachen, das die Marx Brothers in ihren Filmen erzeugen,

---

124 Vgl. Esslin 1985, S. 257.
125 Siehe dazu: Henri Bergson (1991): *Das Lachen: ein Essay über die Bedeutung des Komischen*. Darmstadt: Luchterhand.
126 Vgl. Charnier 2007, S. 29 f.

hat nach Charnier daher in erster Linie eine befreiende Funktion: „The Marx Brothers are the opposite of good citizens. They are trying to free us from the debilitating impositions of everyday life. In this sense, they promote a fantasy-like, infantile, wish-fulfillment reality."[127] Statt mit dem Lachen das Absurde begreifen zu wollen, dient die absurde Filmwelt der Marx Brothers als Gegenentwurf zur repressiven Realität ihrer Zuschauer. Bereits zeitgenössische Filmkritiker sahen in der Anarchie der Marx Brothers die progressive Sprengkraft ihrer Filme. Oft wurden sie mit dem Surrealismus des 20. Jahrhunderts in Verbindung gebracht, nicht selten von Vertretern der Bewegung selbst. So schrieb Theatertheoretiker Antonin Artaud zu ANIMAL CRACKERS:

> [W]enn es einen bezeichnenden Zustand, ein vom Geist unterschiedenes poetisches Stadium gibt, das Surrealismus genannt werden könnte, so gehörte ihm *Animal Crackers* zur Gänze an. [...] Das Poetische eines Films wie *Animal Crackers* könnte mit der Definition des Humors übereinstimmen, wenn dieses Wort nicht seit langem den Sinn einer allumfassenden Befreiung, einer Zerreißung aller Realität im Geiste eingebüßt hätte.[128]

Auch Philippe Soupault hatte Gefallen an den Marx Brothers, auch wenn er den Begriff „Surrealismus" in Gegensatz zu Artaud nicht gebrauchte:

> The comedy of the Marx Brothers lifts us out of reality by exaggerating our peculiarities and aggravating our habits. [...] They are exactly like ordinary people and act just as we should act if social regulations did not prevent us from behaving in that way.[129]

Salvatore Dalí hegte ebenfalls große Bewunderung für die Marx Brothers. In Grouchos *The Groucho Phile* (1976) sind einige Zeichnungen abgedruckt, die Dalí zu den Marxens angefertigt hat.[130] Ihnen widmete er 1937 auch das Drehbuch zu einem surrealistischen Film mit dem Titel *Giraffes on Horseback Salad*, das jedoch nie realisiert wurde. Von den Marx Brothers war Dalí besonders in Harpo vernarrt, ihm zu Ehren fertigte er eine Harfe mit Saiten aus Stacheldraht an.[131] Dass Harpo der Liebling der Sur-

---

127 Charnier 2007, S. 17.
128 Artaud 1969, S.150.
129 Zitiert und übersetzt in: Adamson 1973, S. 160.
130 Vgl. G. Marx 1976, S. 148.
131 Das Tate-Museum in London widmete der ungewöhnlichen Verbindung zwischen Salvatore Dalí und Harpo Marx 2007 sogar eine Ausstellung. Vgl. Davis 2007.

realisten war, ist kaum verwunderlich. In ihm konzentriert sich die destruktive Kraft der Marx Brothers am stärksten. Mit infantiler Zerstörungswut zerreißt er in THE COCOANUTS die Post der Hotelgäste und verspeist ein Telefon; in HORSE FEATHERS wirft er die Bücher aus Grouchos Büro schaufelweise ins Feuer. Die Szene aus ANIMAL CRACKERS, in der Harpo wie ein verwirrtes Kind zur Pistole greift und in einer Menschenmasse um sich schießt, wirkt wie die Verkörperung von André Bretons Ausspruch, „die einfachste surrealistische Handlung bestehe darin, ‹mit Revolvern in den Fäusten auf die Straße zu gehen und blindlings so viel wie möglich in die Menge zu schießen›."[132] Den Angriff der Surrealisten auf das Kunstverständnis der Bourgeoisie verdeutlicht sich in Harpos physischen Attacken auf die hohen Künste, etwa der klassischen Musik: In A DAY AT THE RACES nimmt Harpo in seiner expressiven Interpretation von Rachmaninows *cis-Moll-Prélude* (op. 3 Nr. 2) das Klavier zu den harten *fortissimo*-Akkorden des Stückes sukzessiv auseinander, bis ihm die Klaviersaiten zum Harfenspiel übrigbleiben. In AT THE CIRCUS scheint er dagegen ganz die E-Musik vom Bewusstsein der Menschen abtrennen zu wollen, indem er die Verankerungsseile eines schwimmenden Orchesterpavillons durchtrennt und die Musiker Wagners *Lohengrin* spielend aufs offene Wasser hinaustreiben lässt, während an Land sich Margaret Dumonts High Society an dem von den Marxens geretteten Zirkus erfreut. Harpo ist zudem, wie Raymond Durgnat bemerkt, der spontanste unter den Marx Brothers. Seine ihm nachgesagte „kindliche Unschuld" liegt in der direkten Verbindung zu seinen inneren Trieben, denen er durch seine Kleptomanie und Sexbesessenheit offen Ausdruck verleiht:

> He's the St. Francis of the Rabelaisian hagiography, a moon-calf on roller-skates, the most aggressive of dreamers. [...] His impulses are the least affected by the world's hostility. He's a satyr in ragpicker's clothes. Pan had his pipes, and Harpo has his motor-horn. [...] He steals things like a baby grasps an adult's nose to play with. Like a baby, he tries to eat inedibles, especially telephones, and being a magical baby, invariably succeeds.[133]

Naturgemäß ist die ordnungssprengende Komik der Marx Brothers in den Paramount-Filmen, ihrer wildesten Phase, am deutlichsten. Doch selbst nach der „Zähmung" der Anarchie der Marxens sowie der Einbettung in

---

132   von Beyme 2005, S. 532.
133   Durgnat 1972, S. 154.

eine realitätsnahe Liebesgeschichte erhielten sich in den späteren Filmen der Marxens kleine Momente des Ausbruchs. So visualisiert sich die De-montage des Mythos' von der Erschließung des Westens in GO WEST im Finale des Films: Dort sitzen die Marx Brothers an den Hebeln einer Lo-komotive, dem Sinnbild der voranschreitenden Zivilisation, über die sie die Kontrolle verlieren, die Schienen verlassen und das Wohnzimmer ei-ner Farm zerstören. Um das rasende Tempo der Lok aufrechtzuerhalten, zerhacken die Marxens schließlich die Zugwaggons zu Brennstoff und verfüttern die Fortschrittsmaschine an sich selbst. Sowohl in GO WEST als auch in THE BIG STORE kommen Harpos magische Qualitäten aus den Paramount-Filmen, Raum und Zeit um sich herum manipulieren und tote Objekte zum Leben erwecken zu können, in kleinen Momenten zu Tage: Auf der Suche nach einer versteckten Urkunde entwickeln in GO WEST die Schubladen eines Schreibtisches in Harpos Gegenwart ihr tückisches Eigenleben. In THE BIG STORE versucht Harpo eine Schreibmaschine zu bändigen, die unter seinem wilden Getippe ihre Walze abschießt, in der Luft zu schweben scheint und von ihm wieder eingefangen wird. In LOVE HAPPY wird Harpo am Ende seine andersweltliche Zauberkraft vollends zurückgegeben. Bei der Verfolgungsjagd über den Dächern des Time Square scheint er eins zu werden mit den übergroßen Leuchtreklame-Konstruktionen. Blinkende Lichter werden für ihn zu greifbaren Kletter-griffen, mit denen er sich fortbewegen kann; im Wechsel von Hell und Dunkel teleportiert er sich von einem Ort zum anderen, reitet auf einem Leuchtpegasus und stößt Rauchströme aus Mund und Ohren aus.

Fassen wir zusammen: Um die Komik der Marx Brothers begreifen zu können, wurden verschiedene Positionen einander gegenübergestellt. Ent-gegen der verbreiteten Ansicht, die Filme der Marx Brothers seien in ers-ter Linie Gesellschaftssatiren, stehen andere Konzepte, die den Humor der Marxens mit zeitgenössischen Traditionen aus Literatur, Theater und Bil-dender Kunst des 20. Jahrhunderts in Bezug setzten. Den unterschiedli-chen Ansätzen liegt eine gewisse Rezeption der Marx Brothers als ord-nungssprengende, anarchistische Kraft zugrunde, die sich vor allem gegen die Repräsentanten von Konvention, Ordnung und Sittlichkeit wendet. Diese Rezeption lässt den Beobachter jedoch Gefahr laufen, zu viel in den betrachteten Gegenstand hinein zu projizieren. Die Bemühungen, in der Kunst der Marx Brothers eine ideologische Haltung ausfindig machen zu wollen, überhaupt die Komik der Marx Brothers in erster Linie zur Kunst zu erheben, scheitert an dem anti-intellektuellen Selbstanspruch der Brüder:

> Furthermore the Marx Brothers deliberately refused to present themselves as 'artists' or engage in theoretical discussions. Groucho, when asked about the political nature of *Duck Soup*, insisted, 'We were just four Jews trying to get a laugh,' and once said, 'I don't think the word art, which happens to be my son's name, has ever come up in my thoughts or my conversations.'[134]

Die Marx Brothers sahen sich weder als Satiriker noch als Surrealisten, sondern in erster Linie als Performer. Zwar verbirgt sich in ihrem komischen Spiel der Ausdruck einer individuellen Welterfahrung, doch haben sie weder versucht den gesellschaftlichen Status quo zu kritisieren noch eine bestimmte philosophische Weltanschauung zu vertreten. Ihre Intention liegt in der Ausübung ihrer Profession als Handwerker des Komischen. Dabei steht die Form vor dem Inhalt: Grouchos Firefly-Monologe aus DUCK SOUP stellen für Gerald Weales daher weniger einen satirischen Kommentar dar, sondern vielmehr „a typical Groucho speech in which words rather than the content provide the joke."[135] Raymond Durgnat unterstützt diese Beobachtung, indem er betont, dass sich der Wortwitz der Marx Brothers nicht bei der Lektüre ihrer Dialoge entfalte, sondern erst in der Art, in der sie auf der Leinwand von den Marxens dargeboten werden:

> Unexpectedly for verbal comedians, Marxist dialogue doesn't read half as funny as it sees. In cold print it's baffling rather than amusing, because it draws its relevance, not only from the Marx Brothers' style of delivery, but from a whole network of references and expectations which appear in the screen setting and action, but not in the mere words.[136]

Was die Marx Brothers mit den Avantgardekünsten des 20. Jahrhunderts verbindet, ist also allein die Art, mit der sie das Publikum überraschen, die Konventionen der Rationalität unterwandern und die bestehende Ordnung durch Chaos ersetzen, und nicht ihre Beweggründe dafür: „While the objectives may differ, the techniques, how the surrealists expected to alter consciousness and how the Marx Brothers made us laugh, are extraordinarily similar."[137] Die Ähnlichkeit der Mittel bei entgegengesetz-

---

134   Mills 2007, S. 10.
135   Weales 1985, S. 78.
136   Durgnat 1972, S. 155.
137   Wilcox 2007, S. 43.

ter Intentionalität erklärt sich Dean Wilcox in seinem Aufsatz „Surrealistic Heroes: The Marx Brothers and the European Avant-Garde" (2007) damit, dass die Avantgardisten wie auch die Marx Brothers die gleiche Wurzel in der Varieté-Unterhaltung haben. Jene Kunstform, die, wie bereits gezeigt, durch ihre fragmentierte Struktur und dem Nebeneinander unverbundener, heterogener Materialien dem Feld der antirealistischen Kunst angehört:

> Employing juxtaposition, defamiliarization, anarchy, non-sequiters [sic], and a host of unusual combinations, the Marx Brothers share with the European avant-garde the legacy of variety theatre in which the goal is to have an effect on the audience [...] in whatever way possible.[138]

Daher erscheint es unerlässlich, den Vaudeville-Hintergrund der Marx Brothers in die Betrachtung ihrer Filme mit einzubeziehen. Diesem Umstand soll im nächsten Kapitel nachgegangen werden, in dem zwei filmwissenschaftliche Modelle vorgestellt werden, die sich genau dieser Problematik widmen.

3.2 Comedian comedy und anarchistic comedy: Zwei Annäherungen

Zum Abschluss der Betrachtung der Marx Brothers werden nachfolgend zwei filmwissenschaftliche Perspektiven vorgestellt, über die sich die Auseinandersetzung der Marx Brothers im Kontext der Commedia dell'arte eröffnen lässt. In Korrelation zum aufgestellten Arbeitsbegriff der Commedia aus Kapitel 2.2 dienen diese Modelle also als begriffliches Instrumentarium, das der analytischen Untersuchung der Commedia-Bezüge in den Filmen der Marx Brothers zugrunde liegt.

Das erste Modell stellt eine formalästhetische Betrachtung der Marx-Brothers-Filme dar: Unter welcher Kategorie lässt sich diese Art von Filmen in das breite Genre der Filmkomödie einordnen? Eine mögliche Antwort findet sich bei Steve Seidman. In seiner einflussreichen Arbeit *Comedian Comedy. A Tradition in Hollywood Film* (1981) identifiziert er Filmkomödien wie die Marx-Brothers-Filme, in denen die Performance eines oder mehrerer Comedians im Vordergrund steht, als spezielles,

---

138   Wilcox 2007, S. 51.

amerikanisches Filmgenre, das eine gewisse Konsistenz in Stil und Form aufweist. Diese *comedian comedies,* wie Seidman sie nennt, besitzen eine mythische Funktion innerhalb der Kultur; in der Betrachtung ausgewählter Filme zwischen 1914 und 1980 beabsichtigt Seidman, nicht nur die Position des Comedians innerhalb des amerikanischen Kinos als kontinuierliche Größe der Filmgeschichte auszumachen, sondern auch generell als populäre Tradition der amerikanischen Kultur.[139] Grundlegendes Merkmal der *comedian comedy* ist also die präexistente Popularität der Comedians, die sie vor ihrer Filmkarriere bereits als Unterhaltungskünstler in einem anderen Medium erworben haben. Buster Keaton, Charlie Chaplin, W.C. Fields, Mae West, Bob Hope, Jerry Lewis, Woody Allen und natürlich die Marx Brothers waren bereits vor ihren Filmen einem großen Publikum bekannt als Stars des Vaudevilles, der Music Hall, des Radios, des Fernsehens oder der Night Club-Szene. Die Comedians behalten in den Filmen zwar wesentliche Merkmale ihrer Auftritte bei, werden jedoch in den fiktionalen Kontext einer bestimmten Situation eingebettet. Der Konflikt zwischen der extrafiktionalen Persönlichkeit des Performers und seiner Situierung innerhalb des fiktionalen Erzählgefüges des Films verdeutlicht sich in jenem Reibungsfeld zwischen Film und Theater, in dem die Filme der Marx Brothers stehen: So griffen die Marx Brothers in ihren komischen Szenen stets auf Material zurück, das sich seinerzeit auf der Bühne bewährte. Ihre ersten beiden Filme, THE COCOANUTS und ANIMAL CRACKERS sind die Verfilmungen ihrer gleichnamigen Broadway-Hits; das komische Material in ihren späteren Filmen A NIGHT AT THE OPERA und A DAY AT THE RACES wurde sogar vor einem live-Publikum getestet, um in einer akribischen Auswertung der Zuschauerreaktionen die Gags und das Timing zu optimieren.[140] Die Tradition der *musical comedy* und Varieté-Unterhaltung artikuliert sich in den Filmen der Marx Brothers zudem in den zahlreichen Musik- und Tanzeinlagen, wie Donald W. McCaffrey in seinem Buch *The Golden Age of Sound Comedy* (1973) festhält. Für ihn weisen große Teile der Marx-Brothers-Filme einen klaren Bezug zur Bühne auf:

---

139   Vgl. Seidman 1981, S. 2.
140   Vgl. Adamson 1973, S. 273 ff.

They often face the camera and do a routine; many actions occur using a standard long shot with few close cut-ins to show reactions of the characters involved. [...] Most directors of the Marx Brothers realised when the actor and his routine were to take over –the camera then served as an observer-recorder of a stage play.[141]

In Rückgriff auf seine extrafiktionale Popularität „belohnt" der Protagonist der *comedian comedy* nach Seidman das wissende Publikum nicht nur durch die Wiederverwendung beliebter Materialien, sondern auch indem er die Anwesenheit seiner Zuschauer selbst würdigt.[142] In den Filmen der Marx Brothers verwirklicht sich das neben dem demonstrativen Spiel zur Kamera hin vor allem in der direkten Adressierung des Zuschauers: In der Tradition eines *asides* durchbrach Groucho regelmäßig die vierte Wand und sprach frontal in die Kamera. So kommentiert er Chicos musikalisches Zwischenspiel in HORSE FEATHERS mit dem Spruch: „I've got to stay here, but there's no reason why you folks shouldn't go out into the lobby until this thing blows over." Ähnlich den Comici der Commedia dell'arte, die im gelegentlichen *aparte* die direkte Kommunikation zwischen ihrer Maske und dem Publikum aufrecht erhielten,[143] trat Groucho für seine *asides* völlig aus seiner Rolle, um nicht nur das Geschehen zu kommentieren, sondern auf einer selbstreferentiellen Ebene den Modus der Darbietung selbst. So wendet er sich in ANIMAL CRACKERS zur Kamera mit der Aussage: „Well, all the jokes can't be good! You've got to expect that once in a while!" In GO WEST verbindet er einem Gegenspieler den Mund mit einem Knebel (englisch: „gag") und bemerkt daraufhin in einem *aside*: „You know, this is the best gag in the picture!" In Sätzen wie diesen betonte Groucho seine Funktion als Witze-Erzähler und baute eine künstliche Verbindung zum passiven Zuschauer auf. Damit simulierte er die Theatersituation einer leiblichen Kopräsenz von Darsteller und Rezipient, die im Vaudeville durch die Hervorhebung des performativen Rahmens stets präsent war. Im Film jedoch, der seine Ästhetik eher aus dem Realismus des naturalistischen Theaters im 19. Jahrhundert bezog, wurden solche anti-illusionistischen Tendenzen partout vermieden. Konsequenterweise kam es regelmäßig zum Streit zwischen den Marx Brothers, vor allem Groucho, und den Regisseuren ihrer Filme. Waren die

---

141   McCaffrey 1973, S. 75.
142   Vgl. Seidman 1981, S. 3.
143   Vgl. Rudlin 1994, S. 56.

letzteren darum bemüht, ein möglichst plausibles und den Standards des Hollywood-Realismus entsprechendes Szenario zu inszenieren, betonten die Marx Brothers ihrer antidramatischen Tradition folgend beständig die Künstlichkeit ihres Auftretens. So geriet der französische Filmemacher Robert Florey zu den Dreharbeiten von THE COCOANUTS mit Groucho über die Unechtheit seines mit fetter Theaterschminke aufgemalten Schnurrbartes aneinander:

> The greasepaint moustache, he decreed, would have to go: "The audience isn't accustomed to anything as phony as that and just won't believe it." Groucho pointed out, "The audience doesn't believe us anyhow. All they do is laugh at us and, after all, isn't that what we're being paid for?"[144]

Als bei den Dreharbeiten zu AT THE CIRCUS der Regisseur von den Marx Brothers verlangte, für eine Szene richtig zu schauspielern („to really act"), konterte Groucho erbost: „'The Marx Brothers will do anything but act. If you want dramatics, use our stand-ins.'"[145] In diesem Zusammenhang identifizierte Seidman die extrafiktionalen Qualitäten der *comedian comedy* als Gegentendenz zum dominanten Erzählmodus des Classical Hollywoods. Der hermeneutischen Hollywoodnarration steht die offene Erzählstruktur der *comedian comedy* gegenüber: In der direkten Kommunikation wird der Zuschauer als Adressat wahrgenommen und die Illusion der Erzählung durch das Heraustreten des Schauspielers aus seiner Rolle gebrochen – ähnlich dem Brechtschen Gestus des Zeigens. Doch statt den Zuschauer wie im epischen Theater zu aktivieren, um ihn auf gesellschaftliche Missstände aufmerksam zu machen, hat die Brechung der Illusion in der *comedian comedy* nur den Zweck, den Zuschauer zusätzlich zu erheitern. Darin liegt jedoch ihr subversives Potential: In der *comedian comedy* werden die versteckten Mechanismen der Filmproduktion selbst zu Tage gefördert und der Hollywood-Realismus als Künstlichkeit entlarvt.[146]

In der Opposition zwischen *comedian comedies* wie den Marx-Brothers-Filmen und dem Classical Hollywood liegt also jener Konflikt zwischen realistischen Drama und anti-illusionistischer Unterhaltungskunst verborgen, der sich bereits zur Zeit der Renaissance zwischen den Commedia-

---

144   Kanfer 2000, S. 119.
145   Adamson 1973, S. 352.
146   Vgl. Seidman 1981, S. 54 ff.

Aufführungen und dem bürgerlichen Akademietheater manifestierte. Zur Verdeutlichung dieser Verschränkung von Ästhetik und soziokulturellem Kontext sei deshalb ein zweites Modell herangezogen, das sich gleichsam als spezifisches Kapitel in der umfassenden Genregeschichte der *comedian comedy* begreift. Dieses Modell ist der bereits erwähnten Arbeit von Jenkins zur Vaudeville-Ästhetik der frühen Tonfilmkomödie entnommen. Versucht man nämlich die Filme der Marx Brothers filmhistorisch zu verorten, vertreten sie geradezu beispielhaft jene Art von Filmen, die Jenkins unter dem Begriff der *anarchistic comedy* aus der Zeit der frühen Tonfilmkomödie in den 1920er und 1930er Jahren zusammenfasst.[147] Diese Filme stehen für Jenkins ganz im Prozess einer Aneignung der Formen populärer Unterhaltung des American Vaudevilles in der sich normierenden Filmästhetik Hollywoods. Im Übergang zum Ton erwies sich das audiovisuelle Spielmaterial des Vaudevilles (Tanz, Akrobatik, Musik, Gesang, Wort- und Dialektkomik) als besonders geeigneter Aufhänger für die neuen Filme. Als Pioniere des Tons machten Komödien wie THE COCOANUTS deutlich, welche Möglichkeiten im Tonfilm lagen. Gerade im Übergang von den stummen Slapstick-Filmen zu dieser neuen Spielart der Filmkomödie stellten die Marx-Brothers-Filme mit ihrer Balance aus verbaler und visueller Komik die ideale Brücke dar. In den *anarchistic comedies* stand die Vaudeville-Ästhetik der konventionellen Filmpraxis des Classical Hollywoods gegenüber. Die Filme brachen mit so ziemlich jedem Aspekt, den Filmwissenschaftler David Bordwell als vorherrschendes Prinzip des Classical Hollywood ausmachte.[148] Die Emphase auf Linearität und kausaler Kontinuität wich episodischen Erzählfragmenten, ähnlich dem Attraktionskino nach Tom Gunning stand statt der Dominanz eines kohärenten Plots das heterogene Material der Darsteller im Vordergrund. *Anarchistic comedies* entstanden in einer großen Phase des Umbruchs im Filmgeschäft. Sie können als Symptom für die Auseinandersetzung zwischen den theatralen Elementen der Performance-Tradition aus dem American Vaudeville und der sich herausbildenden Filmsprache Hollywoods gelesen werden. Diesen Umstand bringen Paul D. Zimmerman und Burt

---

147   Vgl. Jenkins 1992, S. 6 ff.
148   Siehe dazu: David Bordwell/Janet Staiger/Kristin Thompson (1985): *The Classical Hollywood Cinema: Film Style and Mode of Production to 1960.* New York: Columbia Press. S. 3-84.

Goldblatt in ihrem Buch *The Marx Brothers at the Movies* (1970) auf den Punkt, als sie die Filme der Marx Brothers als verfilmte Vaudeville-Show bezeichnen. Interessanterweise beziehen sie sich dabei nicht nur auf ihre Paramount-Filme, sondern auf ihr gesamtes Filmwerk:

> The movies of the Marx Brothers, for all their romantic subplots and dressy production numbers, remain essentially vaudeville shows on film, a string of comic bits catching each other by the tail. The team's style is wild, kinetic, cinematic, but its theatrical upbringing – the sense of footlights bordering the bottom of the screen, the musty smell of greasepaint – permeates even the most elaborate of their pictures.[149]

Doch nicht nur in Hinblick auf ihre Form, sondern auch auf ihren Inhalt waren die von Jenkins beschriebenen Filme anarchistisch. Oft wurden in den *anarchistic comedies* der Zusammenbruch der sozialen Ordnung sowie die Befreiung der Kreativität und Impulsivität der clownesquen Protagonisten gefeiert.[150] Nach Jenkins wird dies verkörpert in der Konfrontation zwischen dem Clown und seinem Antagonisten:

> The clown personifies change, encapsulating all that is rebellious and spontaneous within the individual, all that strains against the narrow codes of social life. The comic antagonist embodies civilization, all that is stifling or corrupt within the existing social order, all that would block or thwart efforts toward individual self-expression and personal pleasure.[151]

Jenkins baut hier aus, was bereits Seidman in der Beschreibung der fiktionalen Qualitäten der *comedian comedy* als genre-konstituierendes Element ausgemacht hat: Seidman greift auf die Genre-Auffassung von Rick Altman (alias Charles F. Altman) aus dessen Aufsatz „Toward a Theory of the Genre Film" (1977) zurück, nach der alle Genres in Hinblick ihrer Dialektik betrachtet werden können, in der kulturelle Werte sich in konstanter Auseinandersetzung mit gegenkulturellen Bewegungen befinden. Situiert in einem fiktionalen Kontext, dienen Genres als Vermittler dieser grundlegenden Opposition, indem sie zeigen, wie das Individuum seine gegenkulturelle Tendenzen abstreifen muss, um sich in die Kultur eingliedern zu können.[152] In der Erzählung der *comedian comedy* konkretisiert

---

149   Goldblatt/Zimmerman 1970, S. 7.
150   Jenkins 1992, S. 217.
151   Ebd., S. 221 f.
152   Vgl. Seidman 1981, S. 60 ff.

sich diese Opposition in der Konfrontation des exzentrischen Verhaltens des Comedians zur sozialen Konformität seiner Umwelt. Dabei verbirgt sich in dem exzentrischen Verhalten des Comedians seine individuelle Kreativität, die sich in seiner Fähigkeit zur Maskerade und verbalen Verstellung sowie seiner physischen Geschicklichkeit ausdrückt – die fiktionale Übersetzung der performativen Talente des Comedians als spezifische Charaktermerkmale seiner filmischen Figur. Diese Kreativität ist wesentlich für die Unterhaltung in den Filmen verantwortlich. Doch wird sie gleichzeitig als abnormales Verhalten präsentiert, das von der Gesellschaft abgelehnt wird, etwa in Form einer Neurose auf Basis einer Identitätsirritation oder den regressiven Tendenzen, die sich aus der Bewahrung der Kindlichkeit beim Comedian ergeben.[153]

Jenkins greift diesen gleichsam metakulturellen Diskurs zur gesellschaftlichen Bedeutung des komischen Individuums und seinem Gegenüber auf und setzt ihn in Beziehung zum grotesken Realismus bei Michail Bachtin.[154] Interessanterweise verdeutlicht er das an dem Beispiel der Marx Brothers: So manifestiert sich der Konflikt aus gesellschaftlichem Selbstzwang und dem Wunsch, seinen natürlichen Trieben freien Lauf zu lassen, in dem Aufeinandertreffen der Körper der Marx Brothers mit ihren Antagonisten, vor allem der stattlichen Margaret Dumont (siehe Abb. 11), die bereits seit *The Cocoanuts* Grouchos Unverschämtheiten als Zielscheibe diente:

> Dumont's "dowager matron" encapsulates all that is self-important and stagnant in the existing social hierarchy; her size, her elegant clothing, her perfectly coiffed hair give her a weightiness and immobility that contrast sharply with the constant movement and wild appearance of Groucho and his brothers. She forbids pleasure; he embraces it.[155]

---

153   Vgl. Seidman 1981, S. 5 f.
154   Vgl. Bachtin 1995, S. 69 ff.
155   Jenkins 1992, S. 222.

Abb.11: Das Aufeinanderprallen zweier gegensätzlicher Körperkonzepte: Groucho Marx und Margaret Dumont in DUCK SOUP. DVD-Screenshot.

Nach Jenkins sind Groucho und seine Brüder die Verkörperung des grotesken Leibes im 20. Jahrhundert, die das klassische Konzept des kontrollierten und abgeschlossenen Körpers, vertreten durch Dumont, subversiv konterkarieren. Ähnlich dem Karneval funktionieren sie also als Ventil für den Abbau internalisierter, emotionaler Zwänge, wie eine Selbsteinschätzung von Harpo Marx bestätigt:

> According to Harpo, "People all have inhibitions and hate them. We just ignore them. Every man wants to chase a pretty girl if he sees one. He doesn't – I do. Most people at some time want to throw things around recklessly. They don't – but we do. We're sort of a safety valve through which people can blow off steam."[156]

---

156   Adamson 1973, S. 156.

Jenkins lenkt ein, dass Bachtins Konzept des grotesken Realismus' einen historisch spezifischen Bezug zur mittelalterlichen Karneval- und Markt-platzkultur darstellt, der sich grundlegend von dem Bedeutungsfeld der Marx-Brothers-Filme im Kontext der frühen Tonfilmkomödien Amerikas der 1930er Jahre unterscheidet: „[T]he Marx Brothers films embrace a conception of expressive individualism that would contrast sharply with the communalism Bakhtin identifies in Rabelais."[157] Dennoch kann trotz unterschiedlicher Ausprägungen ein zugrundeliegender Archetypus des Narren ausgemacht werden, der eine direkte Linie vom mittelalterlichen Karneval über den Zirkus bis hin zur *anarchistic comedy* und den Marx Brothers zieht, zu der ebenso der Arlecchino bzw. Harlekin aus der Com-media dell'arte angehört.

Bringt man die Ergebnisse dieser knappen Vorstellung der Modelle von Seidman und Jenkins auf den Punkt, stellt man fest, dass gerade in der Be-trachtung der Marx-Brothers-Filme als *comedian* und *anarchistic come-dies* sich die Perspektive auf die Commedia dell'arte öffnet: Über Seid-man verlagert sich die Betrachtung der Marx-Brothers-Filme ganz auf die Marx Brothers als komische Akteure. In den von Seidman beschriebenen *comedian comedies* steht der Comedian mit seiner der extrafiktionalen Karriere entnommenen Persönlichkeit und Performance im Vordergrund. Sein Spiel zeichnet sich durch eine bewusste Publikumsbezogenheit aus, die in regelmäßigen Brüchen der vierten Wand und der direkten Adressie-rung des Zuschauers die Traditionen des um Realismus bemühten Erzähl-kinos des Classical Hollywood unterwandern. Dies kommt dem in dieser Untersuchung aufgestellten Arbeitsbegriff der Commedia entgegen, nach dem über die Autonomie des Schauspielers die Commedia dell'arte als an-ti-illusionäres, körperbetontes Spielprinzip aufgefasst wird. Das abständi-ge Spiel, in dem der Comedian der *comedian comedy* durch das Heraustre-ten aus der Filmrolle diese als solche ausstellt, korreliert dabei mit der komplexen Staffelung von Schauspieler – Maske – Rolle, welche das nicht-mimetische Spiel des Commedia-Darstellers bestimmt. Entspre-chend widmet sich der größte Teil der folgenden Auseinandersetzung der Commedia dell'arte-Bezügen bei den Marx Brothers mit der Untersu-chung ihrer „Masken" (Kapitel 4.1). Jenkins' Konkretisierung von Seid-

---

157   Jenkins 1992, S. 223.

mans Konzept am Beispiel der *anarchistic comedies* der späten 1920er und 1930er Jahre betont dagegen die Verwurzelung der frühen Tonfilm-komödie in der Varieté-Unterhaltung des Vaudevilles: Anhand verschiedener ästhetischer Strategien machen Filme wie die der Marx Brothers den Eindruck der Aufzeichnung einer spontanen Theateraufführung. Diesem Zusammenhang geht das Kapitel über das Spiel der Marx Brothers nach (Kapitel 4.2). Dabei wird außerdem das aus ihrer Vaudeville-Zeit stammende Gag-Material der Marx Brothers mit den komischen Aktionen (*lazzi*) der Commedia-Darsteller in Beziehung gesetzt. Zuletzt hat Jenkins nachgewiesen, dass über die formalästhetische Anarchie der *anarchistic comedy* hinaus sich im chaosstiftenden Clown-Protagonisten die Utopie von der Überwindung gesellschaftlicher Restriktionen in der Freisetzung kreativer Impulse formuliert. Der Entwurf einer Anderswelt, in welcher der Mensch zu seiner „wahren" Natur findet, wie ihn bereits die Commedia-Darsteller nach Rudolf Münz in dem Phänomen des *aldilà teatrale* zum Ausdruck brachten (Kapitel 4.3).

4. Die Marx Brothers und die Commedia dell'arte

In seiner einflussreichen Untersuchung zur Commedia dell'arte widersetzt sich der englische Literaturwissenschaftler Allardyce Nicoll dem Trend der zeitgenössischen Commedia-Forschung, in dem Stummfilmkomiker Charlie Chaplin ein Aufleben dieser Theaterform zu sehen:

> In several books on the commedia dell'arte the name of Charlie Chaplin has been familiarly invoked as though he were the living embodiment of this style of theatre. Nothing could be more in error. Everyone recognises Charlie Chaplin's genius as a pantomimic actor; everyone equally recognises that this skill evaporates when he turns to dialogue.[158]

Nicoll benutzt Chaplin als Beispiel, um zu verdeutlichen, dass das Genie der Commedia-Darsteller nicht nur in virtuosem Körperspiel, sondern auch im vielseitigen Gebrauch von Sprache lag. Zudem betont Nicoll in Abgrenzung zu Chaplin die Bedeutung des Schauspielkollektivs. In den Stücken der Commedia stand keine einzelne Maske im Vordergrund; die Komik der Commedia entstammte stattdessen der Interaktion der verschiedenen Figuren. Die Präzision eines perfekt aufeinander eingespielten Ensembles machte den Erfolg der Wandertruppen aus. In dieser Hinsicht erscheinen die Marx Brothers als mustergültige Nachfolger im Geiste der Comici. Ihr komisches Spiel basiert im Wesentlichen auf dem Zusammenwirken und der Interaktion ihrer „Masken", der Kombination ihrer unterschiedlichen Talente sowie der Vielseitigkeit ihres Materials – Von komischen Monologen und Dialogen über Pantomime und Slapstick bis hin zu Gesang, Musik und Tanz.

In der Beschreibung der unveränderlichen Masken einer Commedia-Truppe zieht Evert Sprinchorn in seinem Vorwort zu Giacomo Oreglias Buch *The Commedia dell'Arte* (1968) ausgerechnet die Marx Brothers als Vergleich heran:

> Think of the Marx Brothers; add their customary accomplice, the buxom dowager Margaret Dumont; and you have before you a good modern equivalent of a small

---

158   Nicoll 1963, S. 18.

> Commedia troupe. Wherever they found themselves, at the races, at the circus, at the opera, they remained the same.[159]

Die unwandelbare Beständigkeit der Masken, mit der sie in stets wechselnden Szenarien als einzig konstante Fixpunkte die Handlung selbst um sich herum generieren, verbindet die Commedia dell'arte mit den Spielfiguren der Marxens. Daher widmet sich der Hauptteil dieses Kapitels der Betrachtung des Schlüsselphänomens der Maske in der Commedia dell'arte wie auch bei den Marx Brothers.

4.1 Groucho, Chico, Harpo and sometimes Zeppo: Die Masken der Marx Brothers

Wie zu Beginn der Arbeit bereits ausgeführt, war der Performer des American Vaudevilles durch seinen zeitlich begrenzten Auftritt sowie der unbedingten Abhängigkeit vom Publikum dazu genötigt, einen unmittelbar wiedererkennbaren persönlichen Stil zu entwerfen. Aus diesem Stil entwickelte sich eine individuelle Bühnenfigur, die ganz der Persönlichkeit des Performers entsprungen war. Dies galt im besonderen Maße für den Comedian, der seinen komischen Part im *double act* aus *comic* und *straight man* von einem Standard-Charakter zu einer selbstständig entwickelten Persönlichkeit ausbildete, wie Groucho Marx in eigener Erfahrung bestätigt:

> The average team would consist of a straight man and a comic. The straight man would sing, dance or possibly do both. And the comedian world steal a few jokes from other acts and find a few in the newspapers and comic magazines [...] In time, if he was any good, he would emerge from the routine character he had started with and evolve into a distinct personality of his own.[160]

Als sich im Aufkommen von Radio und Film die neuen Unterhaltungsmedien der Aufführungstraditionen des Vaudevilles bedienten, besaß der Comedian als Clown der Varieté-Unterhaltung bereits eine ikonische Funktion, bevor er auf die große Leinwand kam. Für Steve Seidman war es gerade der Erfolg dieser Comedians, der sie zum Film brachte: „It was the instant identifiability of these comedians – their cultural significance –

---

159   Evert Sprinchorn in: Oreglia 1982, S. xi.
160   G. Marx 2009, S. 73.

as much as their performing talents, that led the motion picture studios to recruit them vigorously."[161] Sein Zwitterwesen aus konkreter Rolle und übergeordneter Spielfigur erlaubt es dem Comedian in der *comedian comedy*, die fiktionale Situation des Films durch das Heraustreten aus der Rolle ebenso zu hinterfragen wie seine Funktion als Performer, der dem Zuschauer sein Talent zur Schau zu stellen hat. Betrachtet man die Marx-Brothers-Filme also als *comedian comedies*, eröffnet sich gerade dadurch die Perspektive auf die Problematik der Maske in der Commedia dell'arte. Durch die Aufspaltung in Akteur-Maske-Rolle befand sich der Commedia-Darsteller nämlich in einer vergleichbaren, ambivalenten Position innerhalb des Stückes wie der Protagonist in der *comedian comedy*. So schrieb Rudolf Münz über die Masken der Commedia:

> Diese »Struktur«-Figuren (MASKEN) standen in einem ganz besonderen Verhältnis zum Narrativen ihrer »Texte«: Sie waren es – als quasi dramatis personae oder Akteure –, aus deren Perspektive Geschichten, Fabeln, etc. erzählt wurden, nicht aber waren sie »Charaktere«, die zur Explikation von Geschichten, Fabeln etc. »gebraucht« wurden.[162]

In der Commedia bezieht sich der Begriff „Maske" sowohl auf die Gesichtsmaske, die von den Schauspielern teilweise getragen wurde, als auch auf den unverwechselbaren Charakter einer Rolle und seine unveränderliche Ausgestaltung durch den Schauspieler. In seinen *Schriften* (1968) hält Wsewolod Meyerhold fest:

> Die Maske läßt den Zuschauer nicht nur den einen Harlekin sehen, sondern alle Harlekine, die ihm in Erinnerung geblieben sind. In ihnen aber sieht der Zuschauer alle Menschen, die auch nur annähernd dem Wesen dieser Gestalt entsprechen. Ist aber allein die Maske die Haupttriebfeder der faszinierenden Wirkung des Theaters? Nein. Der Schauspieler ist es, der durch die Kunst seiner Geste und Bewegung das Publikum in das Märchenreich versetzt, wo der [...] Schurke Harlekin [...] sich in den Einfaltspinsel verwandelt, der erstaunliche Streiche vollführt.[163]

Wie auch in der Commedia verstanden sich die vier Spielfiguren der Marx Brothers zunächst als Typen, als Abstrakta einer ganz bestimmten Menschenauffassung und waren im Prozess aus langjährigen Vaudeville-Auftritten der Körperlichkeit und individuellen Persönlichkeit der Darstel-

---

161   Seidman 1981, S. 19.
162   Münz 1998, S. 150.
163   Meyerhold 1979, S. 208 f.

ler selbst entwachsen. Groucho wurde Monologist, weil er viel redete, las und nachdachte. Chico gab den respektlosen Immigranten aufgrund seines eigenen, aufsässigen Wesens sowie seiner Faszination für Einwanderer. Harpo wurde zum Pantomimen, weil er gern Grimassen schnitt. Zeppo kam die Rolle des pseudo-*straight man* zu, da er nicht wirklich Interesse am Showgeschäft zeigte: „Together they became a divergent unity, because together they were divergent brothers."[164]

Bei den Marx Brothers wie auch der Commedia dell'arte verschmolz der Schauspieler mit seiner Maske, sie wurde zu seiner „Gestalt", mit der er seine „künstlerische Individualität" ausdrückte: „[Die Maske] war gleichsam die Tonart, in der ein Schauspieler die Melodie seiner Rolle spielte."[165] Mit wenigen, festgelegten Bewegungsschemen vermochten die Commedia-Darsteller ebenso eine Vielfalt differenzierter Gefühle auszudrücken, wie Groucho denselben Satz im Gebrauch seiner Mimik, Intonation oder dem Spiel mit seiner Zigarre auf verschiedenste Weise vermitteln konnte. Schauspielkollegin Lillian Roth erinnerte sich an eine gemeinsame Szene in ANIMAL CRACKERS, in der Groucho sie jedes Mal mit einem harmlosen Satz so sehr zum Lachen brachte, dass die Szene mehrmals gedreht werden musste:

> The line itself wasn't so hilarious, but I knew Groucho was going to say it with the big cigar jutting from his clenched teeth, his eyebrows palpitating, and that he would be off afterwards in that runaway crouch of his; and the thought of it what was coming was too much for me.[166]

Obwohl der Schauspieler in der Commedia sein Leben lang keine weitere Maske spielte außer der eigenen, lag im Spiel der Masken eine große Flexibilität. So kam es in dem Stück *La pazzia di Isabella* (1589), von den Gelosi zu den Florentinerhoffesten aufgeführt, zu einem berühmten Auftritt der Isabella Andreini in der Rolle einer Innamorata namens Isabella: An einem Punkt der Handlung verfällt Isabella wegen ihres schweren Liebesleidens einem Wahnsinn, der sie zunächst in vielen fremden Sprachen reden lässt. Entscheidend ist allerdings die zweite Phase ihres Wahns, in der sie die „stimmlichen und stilistischen Charakteristika" aller Masken ihrer Schauspielerkollegen von Pantalone, Graziano, Zanni und Pedrolino

---

164 Adamson 1973, S. 50 f.
165 Dshiwelegow 1958, S. 126.
166 Roth 1954, S. 85.

über Capitano Cardone bis hin zu Franceschina in einer Art „ständiger Metamorphose" verkörpert:

> Das Entscheidende dabei ist, daß Vielsprachigkeit, Metamorphosen, Masken zu dieser Zeit Ausdruck des Dämonischen, des Teuflischen, der Unordnung, des Disharmonischen waren, und dies setzte Isabella – in der ›ernsten‹ Rolle einer Innamorata – der ›Harmonie des Kosmos‹, die durch die Intermezzi dargestellt oder repräsentiert wurde, entgegen.[167]

Im Rückbezug der Maske als kosmischer Ausdruck der Unordnung und Disharmonie sowie der Gegenüberstellung zur eigentlich gesetzten „Gegenmaske"[168] der Innamorata thematisierte Andreini so den Verlust der Identität und entlarvte die Illusion des mit sich identischen Individuums. Jahrhunderte später sollten auch die Marx Brothers in ihren wilden Bühnenauftritten die Austauschbarkeit sowie die Reproduzierbarkeit ihrer Charaktere ausspielen: Als die Brüder mit *Animal Crackers* in Chicago gastierten und Groucho wegen einer Blinddarmoperation für längere Zeit ausfiel, übernahm Zeppo mühelos die Rolle seines Bruders und überzeugte als ebenso origineller Captain Spaulding;[169] aufgrund ihrer Ähnlichkeit tauschten Chico und Harpo aus Spaß unbemerkt ihre Rollen für die letzte Spielwoche von *The Cocoanuts*.[170] Gerade in ihren frühen Filmen betrachteten die Marx Brothers Identität als künstliches, formbares Konstrukt: Um an die geheimen Kriegspläne in Mrs. Teasdales (Margaret Dumont) Haus heranzukommen, geben sich Chico und Harpo in DUCK SOUP als Groucho aus, indem sie sich seine „Maske"[171] aus aufgemalten Augenbrauen und Schnurrbart, Brille und Zigarre aufsetzen. Dies kulminierte schließlich in der berühmten, traumähnlichen Spiegelszene zwischen Groucho und Harpo. Letzterer zerbricht auf seiner Flucht vor Groucho einen wandgroßen Spiegel im Wohnzimmer und gibt sich als Grouchos Spiegelbild aus, um nicht entdeckt werden. Minutiös ahmt Harpo alle Bewegungen seines Gegenübers nach und antizipiert selbst dessen abstrusesten Gesten, Grimassen und Tanzeinlagen (siehe Abb. 12). Die Routine ist

---

167 Münz 1998, S. 144.
168 Vgl. Esrig 1985, S. 129.
169 Vgl. Adamson 1973, S. 39.
170 Vgl. Kanfer 2000, S. 106.
171 Kritiker Gary Giddins bezeichnet Grouchos Gesicht bestehend aus aufgemaltem Schnurrbart, dicken Augenbrauen, Brille und Zigarre als eine der „most enduring masks of the 20th century." Vgl. Giddins 2000.

von einem für die Marx Brothers typischen Surrealismus durchzogen, der das Szenario als Spiel entlarvt und sich nicht von der übergeordneten Handlungsmotivation stören lässt. So brechen beide mehrmals die Illusion der Spiegelung, etwa, wenn Harpo in triumphales Gelächter über eine weitere gelungene Finte ausbricht. Groucho ignoriert jedoch die verräterische Geste, da er sich nicht für das Enttarnen seines Gegenübers interessiert, sondern nur für den reinen Akt des Tanzens selbst:

> Groucho, fully cooperating, exists only to perform gyrations of Harpo's imitation of a reflection. Freedonia, Sylvania, the plans of war, international intrigue, the complex system of motivations that started all this, have vanished like the pieces of the mirror. There is nothing left but two blithe kindred spirits, reflecting each other for eternity.[172]

Abb.12: Tanz der Masken: Die Spiegelszene aus DUCK SOUP. DVD-Screenshot.

---

172 Adamson 1973, S. 242. Zur Tradition des Spiegeltanzes als Bühnenroutine siehe Kapitel 4.2.

Spielerisch zersetzt die Szene jegliches Konzept von Identität, da es im nach Lacan identitätsstiftenden Blick in den Spiegel weder Original noch Imitation gibt, weder das Selbst und noch das Andere, sondern nur zwei identitätslose Masken, die sich gegenseitig im Ausagieren von Rollen nachahmen. Auch in ANIMAL CRACKERS ist niemand der, der er zu sein scheint. Kunsthändler Roscoe W. Chandler wird von Chico alias Emanuel Ravelli als Abie The Fish Peddler enttarnt. Auf Chicos Frage „How did you get to be Roscoe W. Chandler?" kontert Chandler: „How did you get to be Italian?" Selbst körperliche Attribute scheinen nicht mehr eine unverwechselbare Identität zu markieren – Chandler verfügt über ein Muttermal, das ihm bald von Harpo geklaut wird. Identität konstruiert sich allein aus dem sozialen Rollenspiel:

> In the world of the Marx Brothers you are who you say you are as long as you have the right props. You become a doctor by carrying a doctor's bag and a captain by putting on a captain's hat. The clothes don't make the man; the clothes are the man.[173]

Das Wirrspiel um die Identität hält Seidman für ein wiederkehrendes Element der *comedian comedy*, dargestellt in den wechselnden Verkleidungen des Comedians: „Aspects of disguise represent the clearest instances of the comedian's performing talents being translated into the comic figure's behavioral dysfunction."[174] Dabei dient die Verkleidung des als Ausgestoßenen dargestellten Comedians zunächst etwa als Mittel zur Flucht und Tarnung: In der Variation einer Routine aus *I'll Say She Is!* präsentieren beispielsweise alle vier Marx Brothers in MONKEY BUSINESS der Reihe nach eine Imitation von Sänger Maurice Chevalier, um sich von Bord des Schiffes zu schleichen, auf dem sie als blinde Passagiere verfolgt wurden.[175] In A NIGHT AT THE OPERA treiben sie ihren Verfolger in den Wahnsinn, indem sie in einer kleinen Verfolgungsjagd das Mobiliar zweier benachbarter Räume gegeneinander austauschen und sich als Bewohner

---

173 Mills 2007, S. 7.
174 Seidman 1981, S. 80.
175 In der ursprünglichen Version dieser Routine aus *I'll Say She Is!* betraten Zeppo, Chico, Groucho und Harpo nacheinander das Büro des Theateragenten Mr. Lee, um mit ihrer jeweiligen Chevalier-Imitation vorzusprechen. Eine Aufnahme dieser Szene findet sich in dem 55-minütigen Promotionfilm THE HOUSE THAT SHADOWS BUILT (USA 1931) von Paramount Pictures. Vgl. Mitchell 2011, S. 199 f.

bzw. Einrichtungsgegenstände eines scheinbar neuen Hotelzimmers ausgeben: Groucho liest mit einem falschen Vollbart die Zeitung, Chico wirft sich ein Bettlaken über und gibt sich als Schaukelstuhl aus, auf dem Harpo mit umgehängter Decke als alte Frau mit zwei Löffeln so tut, als würde er stricken. Die proteische Fähigkeit des Comedians kann jedoch auch als Verhaltensstörung die Nähe zum Wahnsinn thematisieren. Nicht umsonst bezeichneten die Marx Brothers ihre Komik als *lunatic comedy*[176].

Die Kunst des Comedians zur Verstellung setzt Seidman schließlich mit der gestaltwandlerischen Komponente des mythologischen Archetyps des Tricksters in Beziehung. In den Marx-Brothers-Filmen erfüllt vor allem Groucho diese Aspekte des Tricksters. Während seiner *non-sequitur*-Ergüssen wechselt er von einer Identität zur anderen binnen weniger Zeilen, oftmals aufgrund absurder Wortassoziationen oder kleiner Gesten. So braucht er nur ein wenig mit dem Hammer zu schwingen und seine Antrittsrede als neuer Dekan in HORSE FEATHERS wandelt sich prompt in eine Versteigerung:

> „Any questions? Any answers? Any rags, any bones, any bottles today? Any rags – Let's have some action around here. Who'll say seventy-six? Who'll say seventeen seventy-six? That's the spirit, seventeen seventy-six."

Während Chicos Gerichtsverhandlung in DUCK SOUP wechselt Groucho vom Richterstand zur Verteidigung, je nach dem, was gerade mehr Spaß verspricht. Grouchos Charakter basiert auf dem Typus des Trickbetrügers und Schwindlers, ein klassischer *confidence man*, der nach Geld, Macht und Sex trachtet. Dabei dient seine schnelle Zunge und sein opportunistisches Wesen in erster Linie als Überlebensstrategie:

> He's the classically adaptable man, who always ends up on top because his fast-changing nature and tongue reset the terms of exchange while it's still in progress, updated to the idiom of an immigrant New York Jew.[177]

Das Besondere an Grouchos Betrügereien ist jedoch, dass er nie seine wahren Absichten verhehlt, sondern sie im Gegenteil offen ausstellt. Während der großen Musiknummer *Hooray for Captain Spaulding!* zu Beginn von ANIMAL CRACKERS singt Groucho alias Captain Spaulding in Reakti-

---

176 Vgl. Gehring 1987, S. 112.
177 Dale 2000, S 136.

on auf den Chorus: „Did somebody call me Schnorrer?" und verweist auf
sein betrügerisches Wesen. In THE COCOANUTS zweifelt Margaret
Dumonts Rolle der Mrs. Potter an Grouchos Liebesbekundungen: „I don't
think you'd love me if I were poor." Darauf antwortet Groucho: „I might,
but I'd keep my mouth shut." Folgerichtig bezeichnet ihn Weales als „case
of motiveless manipulation" und „without goals, all drive and no destina-
tion"; wenn Groucho etwas für lustig befand, so eine Aussage von
Gagschreiber Nat Perrin, baute er es in die Geschichte ein – ungeachtet
dessen, ob es mit seiner Charakter-Motivation oder die Kontinuität der
Handlung brach.[178] In dieser Paradoxie – als Schwindler aufzutreten aber
zugleich seine Schwindelei mit Absicht vollkommen kontraproduktiv
durchzuführen – offenbart Groucho das widersprüchliche Doppelwesen
des Tricksters, der andere Figuren für seine egoistischen Ziele hereinlegt
und selbst das Opfer von Streichen ist: „[...] Trickster is at one and the
same time creator and destroyer, giver and negator, he who dupes others
and who is always duped himself."[179] Trickster-Geschichten gehören zu
den Ur-Erzählungen der Menschheit und sind in jeder Kultur vertreten.
Grundlegend beschreibt der Trickster eine antisoziale Figur, die mithilfe
von Tricks die (göttliche) Ordnung auf den Kopf stellt, Grenzen auflöst
und das Ambivalente und Vielseitige verkörpert. Die Doppelbödigkeit des
Tricksters korreliert mit dem sprunghaften Schauspieler des *Comödien-
Stils* nach Gerda Baumbach, der als Akteur und Kunstfigur zwischen der
Realitätsebene und der Fiktionsebene hin und her wechselt und so ein
intermediäres Feld zwischen Wirklichkeit und Fiktion erzeugt. Die Einschiebung einer Kunstfigur in Gestalt einer Gesamtkörper- und Leibmaske
zwischen Akteur und Rolle ist ebenso entscheidend sowie ihr „Zugriff auf
das kulturelle Gedächtnis aufgrund der mythisch-legendären und spieleri-
schen Existenz einer entsprechenden Strukturfigur (Trickster) hohen Al-
ters [...]."[180] Der *Comödien-Stil* ist eine Praxis, die vor allem von den
Comici der Commedia beherrscht wurde und in ihren filmischen Epigonen
wie den Marx Brothers einen fernen Nachhall findet. Über den Archetyp
des Tricksters vollzieht sich also zugleich der Bezug zur Commedia
dell'arte. In Rückgriff auf die Arbeit *Le maschere di Guglielmino* (1989)

---

178 Vgl. Weales 1985. S. 61.
179 Radin 1988, S. xxiii.
180 Baumbach 2012, S. 251.

des Romanisten D'Arco Silvio Avalle erkennt Rudolf Münz in dem Doppelwesen des Tricksters Vorformen des Arlecchino, eine Art „Proto-
Zanni":

> Betrüger und Betrogener | Täter und Opfer | Schlauer und Dummer | Guter und
> Böser | Macher und Gemachter | Komiker und Tragiker | Clown und Bajazzo |
> Narr und Weiser | Teufel und Engel. Trixter [sic]/ Guglielmino / Zanni / Harlekin /
> Pulcinella / Tabarin und Bernadon, aber auch Hanswurst und Eulenspiegel konn-
> ten – mit welchen Unterschieden auch immer – beides gleichermaßen und gleich-
> zeitig sein [...]. Sie waren MASKEN, und zwar noch einmal: in einer
> PERSON.[181]

Im Arlecchino vereint sich der bergamaskische Bauerntölpel mit der Teu-
felsmaske aus Riten des sozialen Festes. Arlecchino stammt sowohl vom
Land als auch aus der Unterwelt, er ist listig und dumm, teilt Prügel aus
und wird verprügelt. Ebenso wie Arlecchino ist Groucho in den Filmen
der Marx Brothers Betrüger und Betrogener, Täter und Opfer zugleich:
Nach außen hin ist er der komische Aggressor, gegen dessen Wortakrobatik kein Kraut gewachsen ist. Selbst als er in MONKEY BUSINESS von
Gangster Alky Briggs (Harry Woods) in dessen Kabine mit dessen Frau
(Thelma Todd) erwischt und mit einer Pistole bedroht wird, behält Groucho die Überhand:

Briggs: Is there anything you've got to say before I drill you?

Groucho: Yes. I'd like to ask you one question.

Briggs: Go ahead.

Groucho: Do you think that girls think less of a boy if he lets himself be kissed? I
mean, don't you think that although girls go out with boys like me they always
marries the other kind? Well, all right, if you're gonna kill me, hurry up. I have to
take my tonic at 2:00.

Innerhalb der Familie fällt Groucho jedoch oft seinen Brüdern als *straight
man* zum Opfer. In den verbalen Konfrontationen mit Chico zieht Groucho trotz intellektueller Überlegenheit meist den Kürzeren. Etwa in der
„tootsie fruitsie"-Szene aus A DAY AT THE RACES: Getarnt als „tootsie-
fruitsie"-Eisverkäufer, bietet Chico seinem Opfer Groucho geheime Informationen für das laufende Rennen an. Widerwillig lässt sich Groucho
zum Kauf überreden, muss aber feststellen, dass die Informationen codiert

---

181   Münz 1998, S. 149.

sind: „Z-V-B-X-R-P-L. I had that same horse when I had my eyes examined." Chicos Falle schnappt zu: Um den Code lesen zu können, muss Groucho zusätzlich eine Reihe von weiteren Büchern kaufen, vom „code book" und dem „master code book" über den „Breeder's Guide" bis hin zur gesamten Buchsammlung, nur um festzustellen, dass alle komplett nutzlos sind. Während Chico mit seinem Gewinn verschwindet, wirft der betrogene Groucho seine Bücher in Chicos zurückgelassenen Eiswagen und zieht – Chicos italienischen Akzent imitierend – weiter: „Get your tootsie-frootsie. Nice ice cream. Nice tootsie-frootsie ice cream!" Der Betrogene wird zum Betrüger. Eine Variation dieser Szene findet sich zu Beginn von GO WEST: Um an das Geld für ein Zugticket in den Westen zu gelangen, versucht Groucho als windiger Verkäufer Chico und Harpo die fehlenden Dollar abzuknüpfen. Doch drehen die beiden den Spieß um, indem sie ihm mit einem an einer Schnur festgebundenen Zehn-Dollar-Schein wortwörtlich das Geld nach und nach aus der Tasche ziehen, bis er sein ganzes Vermögen an sie verloren hat. Der Betrüger wird zum Betrogenen. In DUCK SOUP findet Harpo ebenfalls großes Vergnügen darin, Groucho zu überlisten. Als *running gag* des Films sorgt er als Chauffeur dafür, dass Groucho nirgendwo ankommt: Die ersten beide Male setzt sich Groucho in den Beiwagen und wird von dem auf dem Motorrad wegfahrenden Harpo zurückgelassen: „This is the fifth trip I've made today and I haven't been anywhere yet." Beim dritten Mal setzt sich Groucho aufs Motorrad – und muss mit ansehen, wie Harpo auf magische Weise mit dem Beiwagen davonfährt. Seinen größten Triumph über Groucho feiert Harpo jedoch in der bereits erwähnten Spiegelszene, in der er Groucho davon überzeugt, dessen Spiegelbild zu sein. Harpo imitiert die absurdesten Bewegungen von Groucho, verliert jedoch für einen Moment den Hut aus der Hand. Den Illusionsbruch ungeachtet hebt Groucho den Hut auf und gibt ihn Harpo zurück. Dieser bedankt sich kurz und ihr synchroner Spiegeltanz geht weiter. In Reaktionen wie diesen verdeutlicht Groucho, dass er die Tricks seiner Brüder durchschaut, doch auf ihren Irrsinn nicht anders reagieren kann als mitzuspielen. Dabei dreht er sich weg und stützt den Kopf auf seine Hand, rollt mit den Augen, bewegt die Zigarre in seinen Händen hin und her, schaut mit wissendem Blick in die Kamera oder gibt eine sarkastische Bemerkung von sich. Er artikuliert die komische Frustration des ohnmächtigen Antihelden. Wenn in DUCK SOUP zum wiederholten Male Chico in Grouchos Büro ans Telefon geht und dem Anrufer verkündet, dass Groucho nicht anwesend sei, kann dieser nur erwidern: „I wonder whatever became of me. I should have been back hours ago."

Der Maske kommt also sowohl in der Commedia dell'arte als auch bei den Marx Brothers eine Schlüsselposition zu. Da es sich in der Commedia nicht um eine vollständige Gesichtsmaske, sondern lediglich eine Halbmaske handelt, ist sie im Spannungsfeld aus *persona* und Persönlichkeit Ausdruck einer Allgemeingültigkeit sowie künstlerischer Individualität.[182] Der liminalen Welt des Ritus entstiegen, bedeutet die Maske Verwandlung, nicht nur im metaphorischen, sondern durchaus auch in einem magischen Sinne. In diesem Gebrauch der Verkörperung eröffnet sich ein alternatives Konzept von Identität, das in der Commedia ganz als „Sache der *Kunst* und Angelegenheiten von *Künstlern*"[183] ausgestellt wurde. Dies äußert sich in der Einschiebung eines Kunstnamens, einer Spielfigur, die eine bestimmte Art von Identifikation mit einer Rolle ausschloss: Privatmensch Isabella Andreini war unter dem Kunstnamen Isabella ebenso in der Rolle einer Innamorata zu sehen, wie Julius Marx als Groucho Marx in der Rolle des Captain Geoffrey T. Spaulding. Entsprechend fand die Identifikation nicht zwischen Schauspieler und Rolle, sondern Schauspieler und Spielfigur statt: In Briefen und Schriftstücken waren zur Zeit der Commedia der Schauspielername und der Bühnenname austauschbare Größen; Schauspieler übernahmen ihren Spielnamen im öffentlichen Auftreten und zum Unterzeichnen amtlicher Dokumente, während andere Schauspieler wie Isabella Andreini ihren richtigen Namen für ihre Spielfigur hergaben.[184] Genauso wurden Leonard, Adolph und Julius Marx ihr Leben lang mit ihren geschaffenen Spielfiguren Chico, Harpo und Groucho identifiziert und redeten sich auch untereinander mit ihren Spitznamen an. Statt einen psychologisierten Charakter auf die Bühne zu bringen, verweist die betonte Künstlichkeit der Maske schließlich auf die unwirkliche Anderswelt, aus der sie stammt. In der Maske versinnbildlicht sich das Doppelwesen des Schauspielers:

> Mit der M[aske] verband sich traditionell ein lebloses Objekt mit einem lebendigen Körper, traf anorganische Natur auf organische. Von daher ist die M. Ausdruck der unaufhebbaren Differenz zwischen Natur und Kunst oder, anders gesagt, Ausdruck unserer Doppelnatur als Verbindung von Natur und Kultur.[185]

---

182 Vgl. Rudlin 1994, S. 34.
183 Vgl. Münz 1998, S. 286.
184 Vgl. Richards/Richards 1990, S. 116 ff.
185 Kreuder 2005, S. 194.

Doch im Gegenzug zum Karneval oder anderen Theaterformen, die sich der Maske zur Verwandlung des Schauspielers, der Freisetzung seiner Kreativität und der Hervorhebung des theatralen Rahmens bedienten, verschwand in der Commedia der Schauspieler nicht komplett in seiner Maske: „[…] [T]he mask did not dehumanize the actor, it lent mystery without detracting from the live actuality of the stage figure."[186] Dieser Konflikt zwischen ausgestellter Künstlichkeit und unverfälschter Natürlichkeit lässt sich auch bei den Marx Brothers finden. Zurecht weist Richard Rowland auf die offensichtliche Falschheit von Harpos Perücke, Grouchos Schnurrbart und Chicos Akzent hin.[187] Doch erweisen sich die kostümierten Marx Brothers gerade im dynamischen Spiel mit den „unmaskierten" Rollen ihrer Filme als verkörperte Lebendigkeit. Ihr flexibler Leib steht im starken Kontrast zur Starrheit ihrer in gesellschaftlichen Possen versteiften Antagonisten, wie Durgnat beobachtet:

> Die Marx Brothers sind auf frivolste und verletzendste Weise lebendig, während ihre Opfer dadurch, daß sie einen bestimmten Platz in der Gesellschaft einnehmen, ausnahmslos halbmumifiziert sind – seien es nun Kellner oder Botschafter.[188]

Sowohl bei den Marxens als auch in der Commedia dient die Interaktion der Masken als Grundpfeiler der Erzählung, aus den unveränderlichen Figurenkonstellationen formen sich die jeweiligen Plot-Situationen. Älteste Erzählung der Commedia ist die Konfrontation zwischen Herr (Pantalone) und Diener (Zanni), die den meisten Stücken zugrunde lag:

> The core of arte 'situation comedy' is generally recognized as being the confrontation between master and servant: the archetypal master is the Venezian Magnifico, later christened 'Pantalone'; the servant is Zani, who eventually gave rise to a multitude of other low-life masks including (by a more complex process) that of Arlecchino/Harlequin.[189]

In der Commedia scheint die Handlung in den meisten Fällen auf den Intrigen der Zanni zu basieren, die sie auf Kosten ihrer Herren und meist zugunsten der Innamorati anzettelten. Auf den ersten Blick ergibt sich für die Marx Brothers eine ähnliche Konstellation, in der sie als ausgelassene Zanni die Welt ihrer *straight men*, den Vertretern von höherer Gesell-

---

186   Richards/Richards 1990, S. 113.
187   Vgl. Rowland 1947, S. 265 f.
188   Durgnat 1966, S.12.
189   Andrews 1993, S. 121.

schaft, Autorität, und Institution, auf den Kopf stellen. Betrachtet man die „Masken" der Marx Brothers im Einzelnen jedoch genauer, lassen sich eine Vielzahl an sicherlich unbewussten Bezügen zu den verschiedenen Figuren der Commedia dell'arte entdecken.

4.1.1 Groucho – Der Alte

Gerade in der oben ausgeführten Doppelnatur von Groucho verbirgt sich neben dem rebellierenden Gestus der Zanni, den er mit seinen Brüdern teilt, vor allem die Haltung des ausgetricksten Alten: Viele der Marx-Brothers-Filme beginnen damit, dass Groucho von seinen Brüdern dazu gebracht wird, dem jungen Liebespaar zu helfen:

> Mit [Groucho] fängt die Geschichte immer an, er hat ehrgeizige Pläne und wird sodann das Opfer von Chico und Harpo. Gewöhnlich stoßen sie nach kurzer Zeit gemeinsam auf ihn nieder, bieten ihm ihre „Hilfe" an und bringen ihn am Ende dazu, den jungen Liebenden zu helfen – meist sehr gegen seinen Willen [...].[190]

Wie auch die Alten in der Commedia steht Groucho in der Hierarchie der Geschichte über seinen Brüdern. Nicht selten darf er ihnen als Patronfigur Anordnungen erteilen, ob als Hotelmanager in THE COCOANUTS und A NIGHT IN CASABLANCA, als Collegeprofessor in HORSE FEATHERS oder als Staatsoberhaupt in DUCK SOUP. Professor Quincy Adams Wagstaff (HORSE FEATHERS), Dr. Hugo Z. Hackenbush (A DAY AT THE RACES), Anwalt J. Cheever Loophole (AT THE CIRCUS) – Allein die vielsagenden Namen seiner Charaktere entlarven Grouchos Hochstapler-Dasein und machen deutlich, dass seine Autoritätsfiguren ähnlich den in ihren Manierismen überzeichneten Vecchi eine Karikatur von Macht, Status und Patriarchat darstellen. Groucho geht sogar noch einen Schritt weiter, indem er seine Macht für die unsinnigsten Dinge missbraucht, permanent seine Führungsrolle untergräbt und dadurch seinen Rang von innen heraus aushöhlt:

---

190   Durgnat 1966, S. 15 f.

Groucho Marx zersetzte Autorität, indem er sie sich ohne Legitimation und aus offenkundig egoistischen Gründen aneignete und dann, weil ihm letztlich seine Badewanne wichtiger war as ‹sein› Staat, verfallen ließ.[191]

Obwohl sie sich für intellektuell überlegen halten, fallen die Alten der Commedia den Streichen ihrer Diener zum Opfer, ebenso wie Groucho des Öfteren als *straight man* für Chico und Harpo hinhalten muss. Grouchos Spielfigur entwickelte sich aus dem Grundtypus des Lehrers. Seit *Fun in Hi Skule* versuchte er stets, seine Brüder zu belehren und unter Kontrolle zu halten. Obwohl im richtigen Leben jünger als Chico und Harpo, spielte Groucho stets den alten, „verknitterten Stinkstiefel". Gehring bezeichnet ihn als pragmatischen Zyniker „who seems to have been born old."[192] Groucho ist eine Karikatur der Kapitalisten und Vertreter des Großbürgertums, denen er zwar anzugehören wünschte, sie aber im gleichen Moment in ihrer prätentiösen Steifheit durch zynische Wortwitze und Beleidigungen demaskierte. Seine Figur basiert auf jener Art von sozialer Parodie, die sich bei der Commedia vor allem in den Masken der Vecchi findet. Tatsächlich kann man in ihr Spuren von gleich drei unterschiedlichen Commedia-Masken ausmachen.

Mit der Maske des Pantalone teilt Groucho den gebückten Gang: Leicht geduckt, mit nach vorne lehnendem Oberkörper und langen Schritten schiebt Groucho ebenso wie Pantalone seinen Kopf nach vorn, um „geistige Präsenz zu signalisieren"; mit ihrem Gang bringen beide ihr Alter wie auch ihre Libido zum Ausdruck.[193] Ebenso wie Pantalone ist Groucho überzeugt, unwiderstehlich zu sein und befindet sich im ständigen Umwerben des anderen Geschlechts (siehe Abb. 13). Während bei Pantalone jedoch somit der komische Typus des *senex amans* verarbeitet wird, stellt Groucho mit seinem überdeutlichen Augenbrauen-Bewegungen und anrüchigem Grinsen seine triebhafte Sexualität als komische Posse aus. Alles ist für ihn nur ein Spiel. Wenn er Margaret Dumont den Hof macht und sie im gleichen Atemzug beleidigt oder die sexuelle Spannung mit Thelma Todd ausreizt, ihr aber nie nachgeht, signalisiert Groucho, dass er weder

---

191   Seeßlen 1982, S. 62.
192   Gehring 1987, S. 47.
193   Vgl. Esrig 1985, S. 80.

an Heirat noch an Sex wirklich interessiert ist, sondern nur an der Unmittelbarkeit des Moments.[194]

Abb.13: Pantalone als lüsterner Alter. Commedia dell'arte der Gruppe der Gelosi im 16 Jahrhundert, unbekannter Maler, flämische Schule, Ende des 16. Jahrhunderts. Wikimedia Commons.

Darüber hinaus wird bei Groucho jegliche Romanze zum aushandelbaren Geschäft. Er macht sich vornehmlich an wohlhabende, ältere Witwen heran, um das Erbe ihrer verstorbenen Gatten zu erschleichen: „Will you marry me? Did he leave you any money? Answer the second question first!" (DUCK SOUP). In ihm finden also die beiden widerstrebenden Kräfte des Pantalone, seine Liebestollheit auf der einen sowie sein Geiz und seine Habgier auf der anderen Seite[195] wieder zusammen: „Why, you've got beauty, charm, money. You have got money, haven't you? 'Cause if you haven't, we can quit right now." (ANIMAL CRACKERS). Ähnlich wie beim Pantalone war Grouchos geiziges Wesen der Zündstoff für wortreiche Ti-

---

194   Vgl. Weales, S. 61.
195   Vgl. Spörri 1977, S. 19.

raden und Monologe, etwa die überspitzt gespielte Empörung über eine zu zahlende Rechnung von lächerlich kleinen Beträgen. Bei seinem ersten Auftritt in ANIMAL CRACKERS tragen ihn Eingeborene auf einer Sänfte in das Haus von Mrs. Rittenhouse (Margaret Dumont) hinein. Als ihm ein Träger mitteilt, wieviel ihn diese Überfahrt kostet, entgegnet Groucho empört:

> What? From Africa to here, a dollar eighty-five? That's an outrage! I told you not to take me through Australia; you know it's all ripped up! You should've come right up the Lincoln Boulevard. Where do you come with that stuff? Turn around to the rear-end, I wanna see your license plate.

Oft genug kann sich Groucho jedoch vor dem Begleichen seiner Schulden durch seine Wortverdrehungen und dreiste Hochstaplerei drücken. In A NIGHT AT THE OPERA versetzt ihn die Rechnung für ein Restaurant-Dinner mit einer attraktiven, jungen Dame in Aufregung („Nine Dollar and forty Cents? This is an outrage!"), bevor er die Rechnung seiner Begleitung mit den Worten „If I were you I wouldn't pay it!" entgegen wirft und verblüfft zurücklässt. Interessanterweise durchzieht Pantalones Knickrigkeit nicht nur das Wesen der Spielfigur Groucho, sondern auch das Leben des Schauspielers Julius Marx. Der Spitzname „Groucho" verwies nicht nur auf das griesgrämige Wesen seines Trägers (engl. „grouch" = Miesepeter), sondern auch auf den „grouch bag", einem Brustbeutel, in dem misstrauische Vaudeville-Performer wie Julius Marx ihr Geld aufbewahrten.[196] Grouchos Sorge um die finanzielle Zukunft seiner eigenen Person sowie seiner Familie bestimmte lange Zeit sein Handeln und nahm mitunter groteske Züge an, wie sein Sohn Arthur in seiner Autobiographie *Son of Groucho* (1973) zu berichten weiß.[197] In seiner Angst vor der Armut stand Groucho im krassen Gegensatz zur sorglosen Einstellung seines Bruders Chico. Ironischer Weise stand der stets gewissenhafte, sparsame und disziplinierte Groucho nach dem Börsencrash 1929 genauso bankrott da wie sein spielsüchtiger älterer Bruder, dessen Prasserei sich als die bessere „Investition" herausstellte.[198] Eine Absurdität, die ebenso der Handlung eines Stückes der Commedia würdig wäre als auch an die filmischen Konfrontationen zwischen Chico und Groucho erinnert. Wenn Groucho also in

---

196   Vgl. Kanfer 2000, S. 46.
197   Vgl. A. Marx 1973, S. 66 ff.
198   Vgl. Gehring 1987, S. 48.

MONKEY BUSINESS sagt: „Don't forget that the stockholder of yesteryear is the stowaway of today", dann verbirgt sich dahinter die Ansicht eines Mannes, der seit dem Schwarzen Donnerstag unter Depression und Insomnie litt. Unberechenbare Börsenkurse und eine unsichere Ökonomie bereiteten Julius Marx schlaflose Nächte, so dass auch seine Bühnenfigur von Zahlen heimgesucht wurde: „Hideous, stumbling footsteps creaking along the misty corridors of time, and in those corridors I see figures, strange figures, weird figures: Steel 186, Anaconda 74, American Can 138." (ANIMAL CRACKERS). Wie viele große Komiker entnahmen auch die Marx Brothers das Material ihrer Komik aus ihrem eigenen Leben: „In this sense, their films are autobiographical, the Marx Brothers dressed up and dramatizing themselves, acting out the irreverent role of usurpers that they learned in poverty and punched into shape in vaudeville."[199]

An der komischen Parodie des *senex amans* anknüpfend wurde Pantalone darüber hinaus oft zum eifersüchtigen Alten, der seine bedeutend jüngere Frau von den Blicken junger Männer verschloss. Dieser komische Archetypus hat tiefe Wurzeln, seine Tradition lässt sich von der Antike bis hin zur Commedia dell'arte verfolgen. So ist er Mittelpunkt der Handlung des Commedia-Stückes *Il vecchio geloso* (*Der eifersüchtige Alte*): Der junge Oratio liebt Isabella, die hübsche Ehefrau des Händlers Pantalone. Aus Eifersucht bringt Pantalone Isabella aus Venedig in sein Landhaus, wo sie jedoch unter den Augen ihres Gatten eine Liebesaffäre mit Oratio beginnt. Nach einigen Verwicklungen gewinnt Pantalone zum Schluss Einsicht in sein närrisches Verhalten und übergibt seine Frau in die Hände des jüngeren Nebenbuhlers.[200] Den Typus des eifersüchtigen Alten übersteigerten die Marx Brothers in dem Sketch *Napoleon's First Waterloo* aus *I'll Say She Is!*: Darin kehrt Groucho als Napoleon wiederholt vom Schlachtfeld zurück, um nach seiner Frau Josephine zu sehen. Diese bekommt in Grouchos Abwesenheit nacheinander Besuch von Zeppo, Chico und Harpo. Wie schon Pantalone ist auch hier Groucho gegenüber seinen Nebenbuhlern machtlos: „So, my good Queen, while the Emperor has been winning victories in foreign fields, he has been losing on the home ground."[201] In seinen Begegnungen mit Frauen ließ Groucho eine gewisse

---

199   Goldblatt/Zimmerman 1970, S. 7.
200   Vgl. Andrews 2008, S. 31 ff.
201   G. Marx 1976, S. 46.

Misogynie durchschimmern. Ob nun Margaret Dumont auf der Bühne bzw. der Leinwand oder seine tatsächlichen Ehefrauen Ruth Johnston, Kay Marvis oder Eden Hartford im häuslichen Leben – Oftmals waren Frauen für Groucho eine beliebte Zielscheibe für seine scharfe Zunge. Marx-Biographen sehen darin die Kompensation von Grouchos Unsicherheit gegenüber Frauen sowie seiner Unfähigkeit, eine Beziehung zu ihnen aufbauen zu können und führen es meist auf sein kompliziertes Verhältnis zu seiner Mutter Minnie zurück: Julius Marx fühlte sich als mittleres Kind von seinen Eltern vernachlässigt; wegen seines offensichtlichen Bemühens nach Aufmerksamkeit und Anerkennung wurde er von seiner Mutter spöttisch „Der Eifersüchtige" genannt.[202] Grouchos verbale Attacken können so als Schutzmechanismus angesehen werden, seine Misogynie als Rache des eifersüchtigen, betrogenen Mannes.

Eine weitere Parallele zur Maske des Pantalone findet sich konkret im Dialog zwischen Groucho und Zeppo zu Beginn von HORSE FEATHERS. Viele der Geschichten der Commedia drehten sich nicht nur um die Konfrontation zwischen Herr und Diener, sondern auch um den Konflikt der Generationen. Die Vecchi-Masken standen der Liebe der Innamorati als Nebenbuhler wie auch als sture Väter im Wege, die für ihre Kinder andere Pläne verfolgten. Die Auseinandersetzung zwischen Vater und widerspenstigem Sprössling gehörte zu den wiederkehrenden verbalen Konfrontationen der Commedia, in denen der Pantalone-Darsteller seine sprachliche Virtuosität unter Beweis stellen konnte. So liest im folgenden Beispiel aus Andrea Perruccis Kompendium *Dell'arte rappresentativa premeditata ed all'improvviso* (1699) ein Pantalone seinem abtrünnigen Sohn besonders wortreich die Leviten:

> What do you hope to achieve, my son, by leading such a licentious life? Can't you see that my house is going to the dogs? You've abandoned your studies and waste your time in the company of these drifters, whoring with these hot-heads all day long, and hanging around the *Ridotto*. [...] Because of you my coffers have become coffins; you have gutted my caskets; you have turned the table silver into quicksilver and it's gone up in smoke; like magic the tapestries have vanished; [...] and through all the rooms one can twirl a sword in both hands.[203]

---

202   Vgl. Acre 1979, S. 33.
203   Zitiert und übersetzt in: Richards/Richards 1990, S. 178.

In HORSE FEATHERS beweist Groucho ebenfalls in der Konfrontation mit dem Nachwuchs sein verbales Geschick, als er seinen Sohn (Zeppo) zur Rede stellt, der sein Studium zugunsten einer Affäre mit der „College-Witwe" Connie Bailey (Thelma Todd) vernachlässigt:

> **Zeppo**: I'm proud to be your son.
>
> **Groucho**: My boy, you took the words right out of my mouth. I'm ashamed to be your father. You're a disgrace to our family name of Wagstaff, if such a thing is possible. […] I'd horsewhip you if I had a horse.
>
> […]
>
> **Zeppo**: Anything further, father?
>
> **Groucho**: 'Anything further, father?' That can't be right. Isn't it 'anything farther, further?' The idea! I married your mother because I wanted children. Imagine my disappointment when you arrived!

Im Verlauf des Films läuft jedoch auch Groucho der College-Witwe hinterher und tritt in romantische Rivalität zu seinem Sohn. In der Hinsicht teilt HORSE FEATHERS ein Plot-Element mit dem Szenario *Il cavadente* (*Der Zahnarzt*) aus Flaminio Scalas Sammlung *Il teatro delle favole rappresentative* (1611). Dort sind ebenfalls der alte Pantalone und sein Sohn Orazio in die gleiche Person, die reiche Witwe Isabella, verliebt und kämpfen um ihre Gunst.[204]

Neben dem Pantalone besteht bei Groucho außerdem eine große Ähnlichkeit zur zweiten Vecchi-Maske des Dottore (siehe Abb. 14). Genauso wie Pantalone entstand die Maske des Dottore als Sozialsatire auf einen bestimmten Gesellschaftstypus, hier den Gelehrten aus Bologna, dessen Bedeutung in Relation zu seinen traditionellen Ansprüchen im Italien des 16. Jahrhunderts rapide abgenommen hatte.[205] Die Maske des Dottore war eine sehr anspruchsvolle Rolle. Sie verlangte eine breite Allgemeinbildung sowie einen großen Fundus an Literaturzitaten, Aphorismen und Lebensweisheiten. Das wesentliche Mittel der Komik beim Dottore ist die Sprache – Er redet immer und zu jeder sich bietenden Gelegenheit. Seine Monologe sind gespitzt mit küchenlateinischen Phrasen, redundanten Redewendungen, undurchdringlichen Beweisführungen und Begriffsaufzählungen. Seine langen Monologe (*tirate*) sind wilde Gedankenströme:

---

204 Scala/Salerno 1992, S. 85 ff.
205 Vgl. Dshiwelegow 1958, S. 138 f.

Der Kopf des Dottore ist vollgestopft mit vielen Bruchstücken seiner Gelehrsamkeit, denen es jedoch auch an der geringsten Logik mangelt. Wenn sich daher der Inhalt dieses merkwürdigen Kopfes in die Form einer nach allen Regeln der Rhetorik aufgebauten Rede ergießt, so entsteht ein Feuerwerk der banalsten Aphorismen, denen jeglicher Zusammenhang untereinander und auch der elementarste Sinn abgeht.[206]

Abb.14: Neben Pantalone ähnelt Grouchos Figur und Aussehen deutlich der Maske des Dottore. Zeichnung aus Maurice Sand: Masques et bouffons (Comédie Italienne). *Paris, Michel Lévy Freres, 1860. Wikimedia Commons.*

---

206   Dshiwelegow 1958, S. 140.

Die in wirren Reden veräußerlichten, assoziativen Gedankengänge des Dottores finden in den unsinnigen Monologen und *non-sequitur*s von Groucho ihren Widerhall. Einmal in Fahrt gekommen, ist Groucho in seinem Redefluss nicht zu stoppen. Mit seinen semantischen Verrenkungen und Sprachparadoxien stellt er die widersinnigsten Sinnverknüpfungen her. Er redet sein Gegenüber in Grund und Boden und lässt dabei auch den Zuschauer ratlos zurück: „You remind me of you. Your eyes, your throat, your lips! Everything about you reminds me of you. Except you. How do you account for that?" (A NIGHT AT THE OPERA). Seine Unterrichtsstunde in HORSE FEATHERS gerät zur reinen Farce: „We now find ourselves among the Alps. The Alps are a very simple people, living on a diet of rice and old shoes. Beyond the Alps lies more Alps. And The Lord Alps those that Alps themselves." Für Siegfried Kracauer haben Grouchos wilde Wortkaskaden die völlige Dekonstruktion von Sprache zur Folge: „Was Groucho auch sagt, er zersetzt alles Gesprochene um ihn her."[207] In einer Übersteigerung des monologisierenden Dottore-Types fehlt Groucho sämtlicher Bezug zu seinem Gesprächspartner, den er ständig unterbricht oder gar nicht erst zu Wort kommen lässt. In THE COCOANUTS versucht Margaret Dumont vergeblich, im Gespräch mit Groucho zu Wort zu kommen. Ihre Bitte: „Mr. Hammer, will you let me say something, please" wird von Groucho übergangen mit einem knappen „I hardly think so", bevor seinen Monolog ungestört fortführt. Mit seinen unpassenden Antworten zerreißt Groucho den Gang einer Konversation und lässt jeglichen Versuch einer Kommunikation ins Leere laufen. Groucho entlarvt gesellschaftliche Konversationsgepflogenheiten als Sprach-Automatismen und sinnentleerte Lautäußerungen. In A NIGHT AT THE OPERA stellt er seine Klientin Mrs. Claypool (Margaret Dumont) und den Operndirektor Mr. Gottlieb (Sig Ruman) einander vor, indem er einfach ihre Nachnamen nennt, sich bei jeder einzelnen Namensnennung einmal vorbeugt und das Procedere in einer schneller werdenden Endlosschleife bis zum Exzess wiederholt. Den konventionalisierten Austausch von Höflichkeiten wandelt er zum Wettstreit: Als ihm die vorgestellte Mrs. Whitehead (Margaret Irving) in ANIMAL CRACKERS die Frage stellt „How are you?" reagiert er statt zu antworten mit derselben Frage und löst bei seinem Gegenüber die

---

207   Kracauer 1993, S. 155.

automatisierte Antwort aus: „I'm fine. How are you?" Ohne zu zögern antwortet Groucho wieder mit „And how are you?" und schiebt nach einer kurzen Pause nach, in der Mrs. Whitehead ihn irritiert ansieht: „That leaves you one up." Ein ähnliches Spiel treibt Groucho in A DAY AT THE RACES, als er bei einem Rendezvous mit einem leichten Mädchen (Esther Muir) jedes „Thank you", was er für seine angebotene Hilfe oder ein Kompliment bekommt, mit einem sofortigen „Thank you" quittiert. Spätestens nach dem siebten „Thank you" – „Thank you" haben diese Worte durch ihren inflationären Gebrauch jegliche Bedeutung verloren, wenn sie überhaupt je eine gehabt haben. Groucho entlarvt die Sprachfloskeln im alltäglichen Wortwechsel als Nonsense-Kommunikation, die Etikette des angemessenen aneinander Vorstellens oder der Begrüßung als automatisierte Rituale der Gesellschaft, die Hierarchie und sozialen Status festigen, in Grouchos Übertreibung aber als völlig sinnentleert und gespielte Freundlichkeit erscheinen.[208] Groucho durchbricht die gesellschaftliche Verstellung seines Gegenübers durch seine Ehrlichkeit; das Niederträchtigste, was er seinem Gesprächspartner antun kann, ist ihn wörtlich zu nehmen. Deutlich wird dies in ANIMAL CRACKERS: Als ihn Margaret Dumont in ihrer bescheidenen Behausung begrüßt („Captain Spaulding, it is indeed a great honor to welcome you to my poor home"), schaut Groucho sich kurz um und antwortet: „Oh, it isn't so bad." Als Dumont ansetzt, um weiter zu reden, wird sie jedoch abrupt von ihm unterbrochen:

> **Groucho**: Wait a minute, I think you're right, it is pretty bad. In a matter of fact, it is one of the frowziest looking joints I've ever seen.
>
> **Dumont**: Why Captain…
>
> **Groucho**: Where did you get your wallpaper?
>
> **Dumont**: Well, I…
>
> **Groucho**: You're letting this place run down. And what's the result? You're not getting the class of people that you used to. Why, you have people here now that look like you.

In einer späteren Szene ergibt sich Groucho gerade in Liebesbetörungen an Dumont, als er von Mrs. Whitehead unterbrochen wird. Auf ihre unbedachte Äußerung „I beg your pardon. Am I intruding?" erwidert er:

---

208   Vgl. Gardner 2009, 113 ff.

Are you intruding? Just when I had her on the five-yard line. I should say you were intruding. I should say you *are* intruding. Pardon me, I was using the subjunctive instead of the past tense. Yes, we're way past tents, we're living in bungalows now.

Im gleichen Film führt Groucho ebenfalls juristisches Fachjargon sowie geschäftliche Korrespondenzsprache ad absurdum, als er seinem Sekretär Jamison (Zeppo) einen Brief an seinen Anwalt diktiert:

Honorable Charles H. Hungerdunger, care of Hungerdunger, Hungerdunger, Hungerdunger, Hungerdunger and McCormick. Gentlemen question mark. [...] Now then, in re yours of the fifteenth, yours to hand and made to rep, brackets, that we have gone over the ground carefully and we seem to believe, i.e., *to wit*, e.g., in lieu, that, uh, despite all our precautionary measures which have been involved, uh, we seem to believe that it is hardly necessary for us to proceed unless we, uh, receive an *ipso facto* that is not negligible at this moment, quotes, unquotes and quotes. Uh. Hoping this finds you, I beg to remain [...] as of June 9, cordially yours. Regards.

Zusätzlich zur Rechtswissenschaft zählt auch die Medizin zu den gelegentlichen Fachgebieten, die vom Dottore (fehl-)praktiziert werden. Ebenso tritt Groucho mal als Winkeladvokat in AT THE CIRCUS mit dem vielsagenden Namen J. Cheever Loophole auf und mal als Pferdedoktor, der sich in A DAY AT THE RACES zum Chefarzt eines Sanatoriums hochschwindelt. Letzteres steht sogar im direkten Bezug zum Szenario *La caccia* (*Die Jagd*) aus der Scala-Sammlung, in welcher der Dottore in seiner Doktor-Szene unsinnige Medizin (wörtlich: *segreti da cavallo*) vorschlägt, die eher zur Heilung von Pferden geeignet ist als zur Behandlung von Menschen.[209] Abseits der Filme ist Groucho zudem als erfolgloser Rechtsverdreher Waldorf T. Flywheel zusammen mit Chico in der kurzlebigen Radiosendung *Flywheel, Shyster & Flywheel* (USA 1932-33, NBC) aufgetreten.[210] Eine weitere Verbindung zum Dottore stellt sich über die Maske und das Kostüm her: Der lange, schwarze Umhang des Dottores korrespondiert mit Grouchos zu langen, schwarzen Hosen und seinem schlecht sitzendem Frack, den er für gewöhnlich trägt. Vor allem aber das maskenhafte Gesicht von Groucho – seine Augenbrauen, die Brille und der Schnurrbart, die sich in den beliebten *Groucho glasses* verewigt

---

209 Vgl. Andrews 2008, S.223.
210 Siehe dazu: Michael Barson (1993): *Flywheel, Shyster & Flywheel. Die Marx Brothers Radio Show.* Hamburg: Rogner & Bernhard bei Zweitausendeins.

haben, erinnern stark an die Gesichtsmaske des Dottore, die lediglich Stirn und Nase des Schauspielers verdeckten.

Neben den beiden Vecchi-Masken finden sich in der Groucho-Figur zuletzt Ähnlichkeiten zu der Maske des Capitano. Der Capitano war eine Art „kriegerischer Don Juan", ein Aufschneider und Prahlhans, der zuweilen in der Rolle eines Verliebten auftrat. Seinen Wurzeln nach stellte er wahrscheinlich eine satirische Reaktion der Italiener auf die spanische Besetzung dar.[211] Die ausschweifenden Erzählungen über seine vielen Abenteuer (*bravure*) verbergen jedoch den feigen Charakter des selbstverliebten Säbelrasslers. Grouchos Paraderolle als Afrika-Erkunder Captain Jeffrey T. Spaulding steht in direkter Tradition des Capitanos. Gefeiert als einer der mutigsten Männer des 20. Jahrhunderts, wird er ohnmächtig beim Anblick einer Raupe. Spauldings legendärer Bericht über seine Afrikareise steht der *bravure* des Capitanos in nichts nach, mit dem Unterschied, dass der Capitano seine Falschheit noch zu kaschieren versucht und Groucho sie offen ausspielt:

> **Groucho:** We at once proceeded three hundred miles into the heart of the jungle, where I shot a polar bear. This bear was six foot seven in his stocking feet and had shoes on...
>
> **Dumont:** Pardon me. Just a moment, Captain, just a moment. I always thought that polar bears lived in the frozen North.
>
> **Groucho:** Oh you did! Well, this bear was anemic and he couldn't stand the cold climate. He was a rich bear and he could afford to go away for the winter.

4.1.2 Chico und Harpo – Zwei Diener

Will man in den Spielfiguren von Chico und Harpo Ähnlichkeiten zu den Rollen der Commedia dell'arte ausmachen, so findet man sie ausschließlich in den Masken der Zanni. Ob als Brüder, Komplizen oder einfach nur alte Freunde, in allen Marx-Brothers-Filmen treten Chico und Harpo stets als komisches Zweiergespann auf. Ebenso wie die Dienermasken der Commedia sind sie karnevaleske, lebenslustige Gesellen von einfacher Herkunft:

---

211 Vgl. Mehnert 2002, S. 113 f.

> Sie sind Diener, Proletarier, Bauern, die in die Stadt gekommen sind, um dort in
> den Dienst zu gehen; sie müssen mit ihren Gaben jenen Platz an der Sonne, den
> ihnen das Schicksal verweigert hat, wenigstens stückweise erobern.[212]

Eine stückweise Eroberung eines Platzes an der Sonne – Das bedeutet für
Chico und Harpo den American Dream von Erfolg und Wohlstand zu
verwirklichen, nicht durch harte Arbeit, sondern auf ihre Weise: So che-
cken sie zu Beginn von THE COCOANUTS in Grouchos Hotel am Strand
Floridas ein, ohne einen Cent in der Tasche. Als Groucho bemerkt, dass
der einzige Koffer im Gepäck der beiden Habenichtse leer ist, antwortet
Chico: „That's all right. We fill it up before we leave." Neben den *servi*
der Plautischen Komödie und der Narrenfigur *sannio* von der römischen
Bühne werden die Zanni der Commedia dell'arte von den *facchini* oder
Lastenträgern aus der Bergregion von Bergamo hergeleitet: Arbeitslose
Bauern, die vom Land in die Städte Norditaliens wanderten und für geläu-
fig *Giovanni* hießen und zusammengezogen *Gianni*, dialektal *Zanni*, genannt wurden.[213] Die Tradition der Zanni als Vertreter eines verarmten
Migrantenvolkes[214] findet sich in der Komik des American Vaudevilles
wieder, die wesentlich von den massiven Einwanderungen seit Ende des
19. Jahrhunderts geprägt war. Mit diesen heute durchaus fragwürdigen
ethnischen Karikaturen auf Kosten deutscher, irischer, italienischer und
jüdischer Einwanderer versuchten die Vaudeville-Künstler, die meist
selbst aus einem Migrantenhaushalt stammten, in multiethnischen Bal-
lungszentren wie New York um ihre eigene Art von Integration zu kämpfen. Bei der Commedia stellte der Gebrauch von einem der Maske eigenen
Dialekt die Besonderheit der italienischen Spieltruppen dar:

> With these two essential characteristics – 'masks' and improvisation – *commedia
> dell'arte* is eventually found in countries other than Italy, though its Italian origin
> is always recognized: within Italy itself, it has a third equally indispensable feature
> of identifying certain 'masks' by their language as well as by other traits, so that
> given figures in the plays always use the same stylized dialect or linguistic regis-
> ter.[215]

---

212   Spörri 1977, S. 7.
213   Vgl. Mehnert 2002, S.25.
214   Vgl. Rudlin 1994, S. 67 f.
215   Andrews 1993, S. 170.

Sprache bzw. der Gebrauch von Spracheigentümlichkeiten (*generici*) war also sowohl in der Commedia als auch im American Vaudeville von entscheidender Wichtigkeit. Der bergamaskische Dialekt der beiden Zanni verriet ebenso ihre einfache Herkunft, wie die Wortverdrehungen, Fehlinterpretationen und sinnentleerten Lautmalereien des Dialektkomikers Chico die Kommunikationsprobleme karikierten, auf die ein italienischer Einwanderer treffen konnte.[216]

Abb.15-16: Der erste und zweite Zanni der Commedia traten meistens in Gestalt von Brighella (Abb. 15) und Arlecchino (Abb. 16) in Erscheinung. Zeichnungen aus Maurice Sand: Masques et bouffons (Comédie Italienne). *Paris, Michel Lévy Freres, 1860. Wikimedia Commons.*

---

216   Vgl. Springhall 2008, S. 138 ff.

Eine weitere Ähnlichkeit zwischen den Zanni der Commedia und den Figuren von Chico und Harpo in den Marx-Brothers-Filmen besteht in ihrer außerordentlichen Tatkraft: In beiden Fällen funktioniert das komische Paar häufig als Motor der Handlung. Denn obwohl sie in der sozialen Hierarchie weit unter allen anderen Figuren stehen, ist den Zanni jegliche Unterwürfigkeit fremd; sie sind es, die das Geschehen durch ihre Streiche und Späße aktiv vorantreiben. Tatsächlich könnte man die Vecchi-Masken in vielen Commedia-Stücken durchaus als Auslöser von Handlungen ansehen – durch bevorstehende Hochzeiten, Verlobungen ihrer Kinder, oder andere Abmachungen. Doch sind es die Zanni, welche die losgetretene Handlung am Laufen halten und oft als Mittelpunkt der Handlung die Alten als Träger einer eher passiven Komik in den Hintergrund drängen.[217] Dabei kommt der Rolle des ersten Zanni eine besondere Position zu, da er als der resolute und klügere von beiden durch seine listigen Intrigen den Plot voranbringt – Brighella. Vorlaut, schlagkräftig und unverschämt gegenüber seinem Herrn, ist Brighella zwar dem Kriminellen nicht abgeneigt, doch im Kern nicht wirklich böse.[218] Die Erscheinung eines einfachen Bauerntölpels dient ihm meist als Tarnung für sein linkisches Wesen:

> Er weiß, welchen Ton er mit den verschiedenen Menschen anschlagen muß. Er ist keineswegs auf den Mund gefallen. Meisterhaft versteht er, sich jeglicher Situation anzupassen. […] Er redet viel und laut. […] Er fürchtet weder Gott noch Teufel und hat eine Schwäche für Gold, Wein und Frauen.[219]

Unter den Marx Brothers kommt Chico der Maske des Brighellas am nächsten – sowohl auf der Bühne bzw. Leinwand wie auch im echten Leben (siehe Abb. 15). Als ältester der Marx Brothers zeichnete sich Leonard Marx, so sein Geburtsname, schon früh durch eine zur Kriminalität neigenden Verschlagenheit aus. Sein trotz abgebrochener Schulausbildung natürliches Talent mit Zahlen nutzte er ausschließlich für seine obsessive Spielleidenschaft. Er zählte zu den weltweit renommiertesten Binokel-Spielern, nicht selten sind die wichtigsten Engagements in der Karriere der Marx Brothers über Chico an Land gezogen worden. Doch noch ausgeprägter als seine Findigkeit war seine sorglose Leichtsinnigkeit, die ihm mehr Geld verlieren als gewinnen ließ:

---

217 Vgl. Dshiwelegow 1958, S. 146 ff.
218 Vgl. Rudlin 1994, S. 86 f.
219 Dshiwelegow 1958, S. 151.

In what George S. Kaufman called "an odd combination of business acumen and financial idiocy," he could arrange some of the most enviable deals in the history of show business and then blow all the money before the picture was released and have to go out hustling again.[220]

Leonards Wettlust hat sich auf seine Bühnenfigur Chico übertragen; selbst wenn er in DUCK SOUP als Verräter vor Gericht steht, kann er an nichts Anderes denken. Auf Grouchos Drohung „Chicolini! I betcha eight to one we find you guilty" weiß er nur zu antworten: „At'sa no good, I can get ten to one at the barber shop." Der Unbekümmertheit seines Darstellers geschuldet zeigt sich in Chicos Figur das schelmenhafte Wesen eines Zanni. Seine Klaviersoli absolvierte er mit trickreicher Verspieltheit, etwa, wenn er beim Glissando die Tasten mit seiner „Fingerpistole" abschoss. Seinen Kunstnamen „Chico" bekam Leonard durch seinen Ruf als hoffnungsloser Schürzenjäger, der stets hinter den Mädels (englisch *chicks*) her war. Interessanterweise fehlt Chicos Spielfigur der ungeheure Liebeshunger seines Darstellers völlig. Stattdessen ist sein Bühnen- und Leinwand-Alter Ego der klassische Stereotyp eines italienischen Immigranten, wie er im American Vaudeville oft zu sehen war: dumm-dreist, begriffsstutzig, redselig. Die Namen seiner Filmrollen geben unmissverständliche Auskunft über seine Herkunft: Ravelli, Fiorello, Chicolini, usw. Sein Kostüm spricht von einem ebenso törichten wie kreativen Geist: Karierte Hosen, engsitzendes Cordjackett sowie ein spitzer Tirolerhut, der seine schwarzlockige Perücke krönt. Wie bei Brighella steckt auch hinter Chicos Einfältigkeit durchtriebene Bauernschläue: Er ist sich durchaus bewusst, dass er mit seinen Wortverdrehungen den Gesprächspartner in den Wahnsinn treibt und scheint seinen Spaß daran zu haben. Selbst bei der Gerichtsverhandlung aus DUCK SOUP, in der über seine mögliche Hinrichtung verhandelt wird, kann er nicht widerstehen, das Gericht schlagfertig zu verärgern:

> **Kläger:** Isn't it true you tried to sell Freedonia's secret war code and plans?
>
> **Chico:** Sure! I sold a code and to paira plans! Heh, heh... [zu Groucho] At'sa some joke, eh boss?
>
> [...]
>
> **Richter:** That sort of testimony we can eliminate!
>
> **Chico:** At'sa fine, I'll take some.

---

220   Adamson 1973, S. 15.

Richter: You'll take what?

Chico: A lemonade...A nice, cold glassa lemonade. [zu Groucho] Hey boss, I'm goin' good!

In dieser Szene gibt Chico durch Seitenkommentare an Groucho wie „At'sa some joke, eh boss?" deutlich zu erkennen, dass seine einfältigen Kommentare bewusste Possen sind, um sein Gegenüber aus der Fassung zu bringen. Chicos Figur ist nicht dumm, sondern spielt nur den Dummen, um ihre wahren Absichten zu verbergen. Das hebt ihn als Brighella von der zweiten Diener-Figur des Arlecchino ab. Während der erste Zanni den Typ des gerissenen Bergbewohners verkörperte, stammte der zweite Zanni aus der Ebene und galt als naiv, tölpelhaft und gefräßig. Wenn Arlecchino auf die Fragen des Richters in der Gerichtsverhandlung des Commedia-Stückes *Il Soldato in Candia* antwortet, offenbart sich im Gegensatz zu Chico/Brighella ein stupider, aber ehrlicher Geist:

THE JUDGE. What's your name?

ARLECCHINO. Arlecchino.

THE JUDGE. Have you ever been in prison?

ARLECCHINO. Yes, sir – to carry in some dinner for one of my friends who was arrested for debt.

[...]

THE JUDGE. Were you ever associated with anyone's death?

ARLECCHINO. Yes, sir. Last year I was at the gallows where a man was hanged.

THE JUDGE. Have you ever said anything bad about the governor?

ARLECCHINO. Yes, sir. Once he was ill. I said to every one who asked me for news, "He is very bad indeed...."[221]

Entsprechend lassen sich viele Elemente des zweiten Zanni nicht in Chico, sondern in Harpo finden (siehe Abb. 16). Die Maske des Arlecchino geht vermutlich auf eine Erfindung des italienischen Commedia-Schauspielers Tristano Martinelli aus dem Jahr 1585 in Paris zurück: Unter Rückgriff auf einen französischen Teufelsmythos verknüpfte Martinelli die Zanni-Rolle mit vegetationsmagischem Brauchtum und karnevaleskem Masken-ritus aus dem Mittelalter. Arlecchinos Wurzeln lassen sich auf mittel- und nordeuropäische Legenden zurückführen, in denen ein Hellequin bzw.

---

221   Zitiert und übersetzt in: Nicoll 1931, S. 231.

Herlequin als Anführer des „Wilden Heeres" auftrat und Eingang in die französischen Mysterienspiele gefunden hatte. Ebenso wird in Dantes *Inferno* ein gewisser Alichino als Peiniger in der Hölle aufgeführt.[222] Ausgestattet mit diesem Hintergrund wuchs Arlecchino bald zu einer Leitfigur diesseitig-leiblicher Glückserfüllung und zur Ikone des „anderen Theaters", zum „Genius des Lebens", der in der Natur kein Vorbild hat.[223] Arlecchino, ein grotesker Bauerntrottel, dessen Maske durch ein zur Beule zusammengeschrumpftes Horn an seine dämonische Herkunft erinnert, findet sich im faunartigen Spiel von Harpo wieder. Durch sein ursprüngliches, natürliches Wesen steht Harpo mit seinem ganzen Körper in einer magischen Verbindung zur unartikulierten Welt der einfachen Geister, Kinder und Tiere: Als Hundefänger mit Pferdekutsche steht er in HORSE FEATHERS in einer engen Beziehung mit dem Pferd – sie teilen sich einen Futtersack und verspeisen gemeinsam einen Strauß Blumen. In MONKEY BUSINESS verständigt sich Harpo durch einen Frosch unter seinem Hut, in AT THE CIRCUS berät ihn ein Seelöwe beim Schachspiel.[224] Er ist im kosmischen Einklang mit der beseelten Welt um sich herum; wo immer er auftritt, erwachen die Gegenstände zum Leben. In ANIMAL CRACKERS fängt er aus Spaß an, mit Spauldings Gewehren auf bewegte wie auch unbewegte Ziele zu schießen: Dem Pendel einer Uhr, einem Singvogel, den Hüten vorbeilaufender Damen und einer Champagnerflasche samt Träger. Als er jedoch das Feuer auf zwei Statuen eröffnet, erwachen die prompt zum Leben und erwidern das Feuer mit Pistolen, die sich plötzlich in ihren Händen befinden. Über Harpo findet der Moment des Fantastischen Einbruch in die Filme der Marx Brothers. In Szenen wie diesen beherrscht das Kind im Inneren von Harpo das Geschehen; aus seiner Neigung zur Imagination und Spiel entstehen die absonderlichsten Situationen. Die Bewahrung des Kindlichen beim komischen Darsteller stellt für Seidman ein wichtiges, wiederkehrendes Element in den *comedian comedies* dar. Oft von anderen Figuren als „Kind" oder „kindisch" bezeichnet, wird das Handeln des Comedians einem Kind gleich bestimmt vom Prinzip der Stimulation und des Vergnügens, veräußerlicht in mutwilligen destrukti-

---

222   Siehe dazu: Otto Driesen (1904): *Der Ursprung des Harlekin. Ein kulturgeschichtliches Problem.* Berlin: Alexander Duncker.

223   Vgl. Münz 1998 S. 60 ff.

224   Vgl. Charney 2007, S. 20 f.

ven Tendenzen sowie einer sexuellen Aggression.[225] Das Problem des Comedians, ein Kind im Körper eines Erwachsenen zu sein, suggeriert darüber hinaus, dass die kulturelle Assimilation des Comedians verzögert wird durch regressive Tendenzen: „Indeed, regressive tendencies accentuate the problems of individual evolution and social initiation, insofar as they permit the comic figure's idiosyncratic control of a subjective world."[226] Harpos Kontrolle über die subjektive Welt, die sein kindlicher Geist um sich herum geschaffen hat, erlaubt es, dass – wie in ANIMAL CRACKERS – Statuen lebendig werden, seine Pistolen- und Gewehrschüsse weder an ihm noch seinen Mitmenschen nach dem Prinzip der Cartoon-Gewalt keine ernsten Verletzungen hinterlassen und sein Handeln ohne Konsequenzen bleibt. In Harpos kindlicher, natürlicher Art formuliert sich zudem seine große Lebensspontanität. Er lebt ausschließlich im Augenblick, wie der Zanni Arlecchino gibt er sich ganz dem Erfüllen seiner banalen Bedürfnisse hin und verschwendet dabei keine Sekunde an das Denken.[227] Tritt eine Blondine auf, nimmt er wie ein wild gewordener Hund hupend und hüpfend die Verfolgung auf. Alles in seiner Welt ist essbar. Sein unstillbarer Hunger lässt ihn in THE COCOANUTS die Knöpfe von der Uniform eines Pagen, ein Telefon sowie den Inhalt eines Tintenfasses verschlingen. Was er nicht verzehrt, lässt er in den Weiten seines Mantels verschwinden. Abseits jeglicher Norm oder Moral ist er ein reines Genusswesen:

> Er erklärt alles, was er begehrt, zu seinem Eigentum. Er ist damit offen antimoralisch und reiht sich ein in die Tradition des utopischen August. Er ist das Wesen des Anarchismus rein, er ist überhaupt nicht mehr schematisierbar, denn »im Wesen ist alles relativ« (Hegel).[228]

In Harpo äußert sich zudem eine weitere Qualität des Tricksters, nämlich die der Animalität. Obwohl er über keine festgelegte Form verfügt, tritt der Trickster in seinen jeweiligen mythologischen Ausprägungen meist als Tierwesen oder Halbtierwesen auf; in den indianischen Sagenzyklen des Winnebago-Stammes etwa wird er oft mit Tieren direkt identifiziert, wie

---

225 Vgl. Seidman 1981, S. 100.
226 Ebd., S. 100 f.
227 Rudlin 1994, S. 71.
228 Brandlmeier 1983, S. 129.

Rabe, Kojote, Hase oder Spinne. Im Übergang zum Tier wird der Trickster zum Feind jeglicher Grenzen; er ist offen in alle Richtungen.[229] Als Harpo in A Night at the Opera am Frühstückstisch sogar Grouchos Zigarre und Chicos Krawatte verspeist, erklärt Chico: „He's half-goat." In Horse Feathers teilt er mit seinem Pferd einen Blumenstrauß und einen Sack voll Hafer als Mahlzeit. Selbst als Harpo in Duck Soup Freedonias Männer zu den Waffen ruft und dabei seine Libido ihn in die Schlafzimmer diverser junger Frauen führt, zieht er für die Nacht die Gesellschaft der Tiere die der Menschen vor: Eine nicht unumstrittene Szene zeigt Harpo, wie er mit seinem Pferd vor dem Fenster einer ihm zu winkenden Frau Halt macht und in einer nächsten Einstellung glücklich das Bett mit seinem Reittier teilt, während die Frau im einsamen Nachbarbett ein unzufriedenes Gesicht macht. An Beispielen wie diesen macht Seidman das animalische Verhalten des Tricksters in der unbändigen Natur des komischen Performers der *comedian comedy* aus. Dabei verweist Seidman besonders auf die dem Trickster-Mythos zugrundeliegende Erzählung der Zähmung seiner jugendlichen Wildheit als Ausdruck kultureller Initiation.[230] Die Animalität der Marx Brothers lässt sich jedoch nicht nur auf Harpo reduzieren. In der Balz um das weibliche Geschlecht wird auch Groucho wortwörtlich zum Tier: „There's something about you that brings out the animal in me" sagt er in Go West zur Sängerin Lullubelle (June MacCloy) und fängt dabei an, laut zu bellen und auf und ab zu springen. In Monkey Business nähert er sich Thelma Todd, indem er miaut und über die Veranda krabbelt wie ein spitzer Kater. Der Bezug zum Tierischen ist überdies in vier der fünf Nonsense-Titel der Paramount-Filmen evident: Animal Crackers, Monkey Business, Horse Feathers, Duck Soup. Wes Gehring sieht in der animalisch wirkenden, amoralischen Spontanität der Marx Brothers überdies einen Bezug zu den antiheroischen Cartoonfiguren der amerikanischen *comic strips* seit den 1910er Jahren. Als die Marx Brothers während eines Pokerspiels von Monologist Art Fisher 1914 ihre Spitznamen bekamen, diente Charles Magers *Sherlocko, the Monk* (1910) als Vorbild. In diesem seinerzeit überaus beliebten *comic strip* verdeutlichte Mager die wesentlichen Charakterzüge der auftretenden Figuren in ihren Namen, denen er ein „-o" anhängte. In Magers

---

229   Vgl. Radin 1988, S. 188.
230   Vgl. Seidman 1981, S. 64 ff.

früheren *comic strips* dagegen traten kleine Affen in menschlicher Kleidung auf, die erst nach und nach humanoidere Züge annahmen.[231] Über die Animalität des Tricksters lässt sich ebenso der Bezug zur Commedia dell'arte herstellen. Ihre Masken sind ihrem Ursprung nach Tiermasken, wie Dario Fo in seinem *Manuale minimo dell'attore (Kleines Handbuch des Schauspielers*, 1987) erklärt: „Fast alle Masken, einschließlich derer der Commedia dell'arte sind zoomorph, das heißt tierisch. Es sind in erster Linie Anspielungen auf Haus- und Hoftiere, sodaß Harlekin, wie wir gesehen haben, gleichzeitig Affe und Kater ist."[232] Tatsächlich werden dem Arlecchino aufgrund der körperlichen Virtuosität, die diese Maske verlangte, katzenähnliche Züge attestiert. Denn die Tierkreuzung der Masken bestimmten zugleich die Körperlichkeit der Darsteller: Lag der Pantalone-Maske vor allem das gecke Stolzieren eines Hahns zugrunde, zeichnete sich Arlecchino durch weiche Gelenke, locker-fließende Bewegungen sowie gelegentliche Sprünge aus, die seinen Tiervorbildern geschuldet sind. Bewegungen also, die sich auch in der Unberechenbarkeit von Harpos flexiblen Körper finden lassen.

Hinter Harpos unschuldig-kindlicher „Maske" aus blonder Lockenperücke, großen, leuchtenden Augen und breitem Dauergrinsen verbirgt sich ein fieser Kobold, der nichts als Streiche im Kopf hat. Überall, wo er auftritt, verbreitet er Chaos. Er zerstört sämtliche Ordnung, nicht nur, indem er klaut und frisst und alles mit einer Schere zerschneidet, was ihm in die Finger gerät (DUCK SOUP). Auch seine Körperkomik ist in sich ordnungssprengend, denn sie ist die Visualisierung jener Art von zersetzendem Wortwitz, den Groucho und Chico betreiben (siehe Abb. 17). Wofür Groucho und Chico jedoch einige Dialogzeilen benötigen, reicht bei Harpo die einfache Geste. So umschifft er die legendäre Passwort-Routine aus HORSE FEATHERS, in der Groucho Chico dazu bringt, ihm das Passwort – „swordfish" – zu verraten, und zeigt dem Türwächter stattdessen einen Fisch, in dessen Maul er ein Schwert steckt. Harpo nimmt sein Gegenüber auf gefährliche Weise beim Wort und verwandelt Worte in Taten. Als Chico ihn beim Kartenspiel in HORSE FEATHERS auffordert, die gemischten Karten abzuheben („cut the deck"), zieht er ein Beil aus der Tasche, zerhaut den Stapel in zwei Hälften und trennt somit das Zeichen von sei-

---

231 Vgl. Gehring 1987, S. 22 f.
232 Fo 1989, S. 32.

ner eigentlichen Bedeutung. Die Auflösung der Verknüpfung von Signifikant und Signifikat treibt Harpo schließlich durch seine Scharaden mit Chico aus A DAY AT THE RACES, A NIGHT IN CASABLANCA und LOVE HAPPY zum Exzess: Harpo versucht, Chico wichtige Informationen zu vermitteln, wobei sowohl diverse Fundstücke aus seinem Mantel als auch seinen ganzen Körper zur Hilfe nimmt. Seine selbst geschaffene Zeichensprache mit abstrusen Wortassoziationen und metaphorischen Lautmalereien folgt dabei ganz ihren eigenen Gesetzen der Un-Logik.

Abb.17: Visualisiertes Wortspiel: "You can't burn a candle at both ends!", sagt Lehrer Groucho zu Harpo und wird prompt eines besseren belehrt in HORSE FEATHERS. *DVD-Screenshot.*

Interessanterweise wurde Harpo ebenso wie Arlecchino wegen seiner immensen Popularität im Lauf der Zeit auf gewisse Weise zum Opfer der Stilisierung. Losgelöst von seiner heimatlichen Herkunft sowie seinen sozialen Eigentümlichkeiten kultivierten Darsteller wie Domenico Biancolelli zur Zeit der Pariser Gastspiele eine neue Ausprägung des Arlecchinos: In Anpassung an das neue, französische Adelspublikum verschwanden die struppigen Haare der Maske und aus der lumpigen Flickenjacke wurde ein farbenfrohes Kostüm mit exakt geometrischen Rauten- und Dreickismustern.[233] Ebenso wie der Arlecchino durch die virtuose Tanzakrobatik eines Biancolellis am französischen Hof große Beliebtheit feierte, wurde der Pantomime Harpo begeistert im Kreis des berühmten New Yorker *Algonquin Round Table* aufgenommen, dem geistreiche Schriftsteller und Schriftstellerinnen wie Alexander Woollcott, George S. Kaufman, Robert Benchley und Dorothy Parker angehörten.[234] Woollcott verklärte Harpo zu einen der größten Clowns seiner Zeit, er überredete ihn 1933 zu einer Reise nach Moskau, um als erster amerikanischer Künstler in der Sowjetunion als Zeichen der Völkerverständigung aufzutreten.[235] Neben Woollcott zählte auch Medienmogul William Randolph Hearst zu Harpos neuen Bekannten.[236] Letztlich wurde auch die teuflisch-linkischen Tendenzen von Harpo im Verlauf der MGM-Filme immer schwächer, aus dem faunischen Arlecchino wurde ein anrührender Pierrot, für den das Publikum Mitleid empfinden sollte. Pierrot entwickelte sich aus der Zan- ni-Maske des Pedrolino und war eine späte Erfindung der Commedia in Frankreich. Im Gegensatz zu den anderen Commedia-Figuren trug Pierrot keine Maske, sondern lediglich ein weiß geschminktes Gesicht, das zum melancholischen Ausdruck einer stoischen Hinnahme von Unglück wur- de.[237] Pierrot war der Prototyp des leidenden Clowns, der sich bis in die Filmfiguren von Buster Keaton und Charlie Chaplin fortsetzte. Doch trotz Thalbergs Bemühungen, Harpo menschlicher zu gestalten, etwa in dem er in A NIGHT AT THE OPERA Prügel von seinem „Herren" Lassparri (Walter Woolf King) einsteckte, scheint Harpo den bruchstückhaft aufblitzenden Pathos seiner Figur im Verlauf der weiteren Filme nie wirklich halten zu können.[238] Die Eigenschaft, die Harpo zusammen mit Groucho an ihrem Freund Chaplin so verehrten, nämlich Menschen zum Lachen zu bringen und gleichzeitig zu berühren, blieb ihnen verwehrt:

---

233 Vgl. Dshiwelegow 1958, S 156 f.

234 Vgl. Kanfer 2000, S. 82 f.

235 Vgl. Marx/Barber 1989, S. 297 ff.

236 Vgl. Adamson 1973, S. 202 ff.

237 Rudlin 1994, S. 135 f.

238 Zur Untersuchung der Nähe von Harpo zur Maske des Pierrot siehe: David James LeMaster (1995): *Charlie Chaplin and Harpo Marx as Masks of the Commedia dell'Arte: Theory and Practice.* Texas Tech University, Ph.D. the- sis. S. 82 ff.

What actor could create the pathos of Chaplin? For many years I've said that Charlie is the greatest comedian of the century, and yet no one has brought a bigger lump to my throat through the heart and soul of his performances. There was, however, a need in him to accomplish such effects. This was a need my brothers and I seldom felt.[239]

Neben den deutlichen Affinitäten zum Arlecchino und vagen Annäherungen an den Pierrot finden sich in Harpo darüber hinaus Merkmale der Maske des Pulcinella. Die aus Neapel stammende Zanni-Figur wurde über ihre groteske Körperlichkeit – Buckel, dicker Bauch, krumme Körperhaltung, Hakennase – zu einer der Lieblingsgestalten des Karnevals. Pulcinella zeichnet sich unter anderem über seine Gefräßigkeit und sexuelle Triebhaftigkeit, seine Spottlust und „komisches Räsonierbedürfnis" aus und fand als Punch in England, als Petruschka in Russland sowie als Putschenelle oder später Kasper Eingang in das Puppentheater.[240] Harpos Bezug zum Pulcinella vollzieht sich auf sehr eindeutige, visuelle Weise in MONKEY BUSINESS: Auf der Flucht vor dem Schiffspersonal versteckt sich der blinde Passagier Harpo in einem Handpuppentheater: Neben Judy und Punch verwandelt er sich mit seiner „Gookie"-Grimasse und falschem Puppenkörper zur dritten Kaspergestalt und ärgert mit seinen Albernheiten zwei Schiffsoffiziere – zur Belustigung der zuschauenden Kinder. Person und Maske, Realität und Fiktion vermischen sich. Harpos Pfeifen liegt auf einer Tonhöhe mit der Falsetto-Stimme des unsichtbaren Spielers der „echten" Puppen; auf Harpos Hinterkopf befindet sich ein zweites, hölzernes Puppengesicht. Als die Offiziere an Harpos Bein ziehen und es sich auf unnatürliche Art dehnt, steigt Harpo aus dem Puppenkasten und zieht mit den Offizieren an seinem falschen Bein. Wie auch Pulcinella ist Harpo ein beliebter Hampelmann der Kinder.[241]

---

239 G. Marx 1976, S. 298.
240 Vgl. Ramm-Bonwitt 1997, S. 10.
241 Vgl. Dshiwelegow 1958, S. 171.

4.1.3 Zeppo – Ein Verliebter?

Abb.18: Irgendwo zwischen komischem Marx Brother und romantic lead*: Zeppo in*
MONKEY BUSINESS. *DVD-Screenshot.*

Auf den ersten Blick könnte Zeppo, dem vierten Marx Brother im Hintergrund, am ehesten die Maske des Verliebten zugeordnet werden. Immerhin tritt er in zwei von fünf Filmen als männlicher Part des Liebespaares
auf: In MONKEY BUSINESS entwickelt sich eine Liebesgeschichte zwischen Zeppo und Mary (Ruth Hall), der Tochter des ehemaligen Gangsters
„Big Joe" Helton (Rockliffe Fellowes, siehe Abb. 18); in HORSE
FEATHERS kämpft Zeppo mit seinem Vater Professor Wagstaff (Groucho)
um die Hand der „College-Witwe" Connie Bailey. Dies ist ein typischer
Plot, wie er auch in der Commedia dell'arte vorkommt: Die Auseinandersetzung zwischen den Generationen sowie die Konkurrenz des Pantalone
(Groucho) mit einem Verliebten (Zeppo) um die Hand einer jungen Frau.
Die Auflösung des Liebeskonflikts in HORSE FEATHERS entfernt sich je-
doch stark von dem gängigen, glücklichen Ausgang eines Commedia-
Stückes. Während in der Commedia die jungen Liebenden in der Ehe zu-
einanderfinden, parodieren die Marx Brothers jene Konvention des Happy

Ends der Komödie. Statt Zeppo zu heiraten, vermählt sich Thelma Todds Figur nicht nur mit Groucho, sondern gleichzeitig auch mit Harpo und Chico. Betrachtet man Zeppos Auftritt als Liebhaber also genauer, lässt er sich weder wirklich auf eine Stufe stellen mit den *romantic leads* der anderen Marx-Brothers-Filme, noch mit den Innamorati der Commedia dell'arte vergleichen. Denn als Bezugspunkt zur *commedia erudita* bedienten sich die Innamorati einer eleganten Literatursprache, die durch die Übererfüllung der Konventionen und Liebesbeteuerungen einen Hang zur Ironie offenlegten, der Zeppo völlig fehlt.[242] Mit ihren prunkvollen Kostümen sowie dem affektierten Gebären und Sprechen bringen sie das Erhabene in die Commedia und werden somit zur Zielscheibe der buffonesken Masken. In diesem Sinne könnte also eher in der als *grande dame* auftretenden Margaret Dumont eine Variation des Innamorati-Types ausgemacht werden – die in die Jahre gekommene Verliebte, die ihren Kavalier zwar längst überlebte, aber dennoch ihre romantisch-naiven Vorstellungen von Liebe nicht aufgegeben hat. Das macht sie jedoch zum perfekten Opfer von Groucho, der durch seine falschen Liebesbeschwörungen und herabwürdigenden Beleidigungen in den Marx-Brothers-Filmen jeglichen Ansatz von Romantik konterkariert.[243] So sagt Groucho in THE COCOANUTS das Kompliment „Did anyone ever tell you that you look like the Prince of Wales?", mit dem die betrügerische Penelope (Kay Francis) zuvor bereits versuchte, Chico und Harpo zu verführen, unpassenderweise zu Margaret Dumont. Als wäre es der Beleidung nicht genug, fährt er fort: „I don't mean the present Prince of Wales; one of the old Wales, and believe me when I say Wales, I mean Wales. I know a whale when I see one." In DUCK SOUP demonstriert Groucho gegenüber Margaret Dumont einen unerwarteten Anflug von Rührseligkeit, als er sie schüchtern um einen Talisman bittet, der ihn stets an sie erinnern soll: „Oh – uh – I suppose you'll think me a sentimental old fluff, but – uh – would you mind giving me a lock of your hair?" Dumont ist überwältigt, wird jedoch von Grouchos nächster Bemerkung brutal aus der romantischen Fantasie herausgerissen: „I'm letting you off easy. I was going to ask for the whole wig." Ironischerweise trug die Schauspielerin Dumont tatsächlich seit ihren Auftritten auf der Bühne eine Perücke.

---

242   Vgl. Dshiwelegow 1958, S. 188 f.
243   Vgl. Gardner 2009, S. 102 ff.

Da er in seinen Auftritten nicht wirklich Anteil hatte an den Buffonerien seiner Brüder, wurde Zeppo zudem häufig als einziger *straight man* der Marxens bezeichnet. Nach eigenen Angaben war er das ernste Gegenwicht zu Groucho, Chico und Harpo: „I was the straight man. If the scene needed more straight lines off which to bounce comedy, then I had more lines."[244] Zeppo hatte nicht viel zur Komik der Filme beizutragen. Zynisch wurde er in einem Nachruf der Tageszeitung *The Cincinnati Enquirer* beschrieben als „the Marx Brother who got the girl but never the gags."[245] Hin und wieder diente Zeppo in manchen Szenen als Stichwortgeber für Groucho; in den meisten Paramount-Filmen nahm er eine ihm untergeordnete Rolle ein: In THE COCOANUTS war er Hotel-Angestellter in Grouchos Hotel, in ANIMAL CRACKERS und DUCK SOUP sein Sekretär und in HORSE FEATHERS sein Sohn. Nur sehr selten durfte Zeppo – anders als die anderen *straight men* und komischen Opfer der Marx Brothers – dem irrwitzigen Treiben seinen Brüdern etwas entgegensetzen. Als er etwa in ANIMAL CRACKERS Grouchos sinnloses Briefdiktat vorlesen musste, hatte er außer der Anrede und den Grüßen den gesamten Inhalt seines Briefes weggelassen: „Now, you said a lot of things here that I didn't think were important, so I just omitted them." Treffend kommentiert Joe Adamson Zeppos Aktion: „It takes a Marx Brother to pull something like this on a Marx Brother and get away with it."[246]

Zeppo lässt sich also keiner Figur der Commedia wirklich zuordnen, weil seine Position innerhalb der Marx-Brothers-Filme ungeklärt bleibt. Er wurde überredet, dem *family act* beizutreten, weil Gummo in die Armee eingezogen wurde und Bühnenmutter Minnie Marx den Namen *The Four Marx Brothers* beibehalten wollte. Er studierte die Parts seiner Brüder und war oft als unerkannter Stellvertreter auf der Bühne – Er übernahm sowohl Grouchos Rolle als auch die von Harpo, ohne das dem Publikum ein Unterschied aufgefallen war.[247] Doch besaß er selbst keine eigene ausgearbeitete komische Persönlichkeit, die ihn im Sinne von Seidman als Comedian ausmachen würde. Wodurch sich Zeppo in den Marx-Brothers-Filmen auszeichnete, war nach Groucho Marx schlicht die Tatsache, dass

---

244   Marx/Anobile 1989, S. 175.
245   Zitiert in: Keesey/Duncan 2007, S. 11.
246   Adamson 1973, S. 114.
247   Vgl. Marx/Anobile 1989, S. 174.

er da war: „[Zeppos] roles were thankless, and much of the time all he was required to do was show up. It's not that he didn't have the talent; he simply had three older brothers ahead of him."[248] Neben den voll entwickelten Spielfiguren seiner Brüder war für Zeppo kein Platz. Dabei hatte er entgegen öffentlichen Meinungen durchaus komisches Talent; hinter den Kulissen wurde er von einigen wie etwa dem Komiker Jack Benny als der lustigste der Marx Brothers angesehen.[249] Trotz seiner in den Hintergrund gedrängten Rolle war Zeppos Auftritt nicht völlig ohne Nutzen. Im Gegenteil: Für Charlotte Chandler lag seine Funktion darin, die unwirklichen Marx Brothers mit ihrer Umwelt zu verbinden. In ihrem Buch *Hello, I Must Be Going. Groucho and His Friends* (1978) schreibt sie treffend über den vierten Marx Brother:

> Instead of being the "fourth man through the door," he is the Marx Brother's interpreter in the world they invade. [...] Zeppo's importance to the Marx Brother's initial success was as a Marx Brother who could "pass" as a normal person. None of Zeppo replacements (Allan Jones, Kenny Baker, and others) could assume this character as convincingly as Zeppo because they were actors, and Zeppo was the real thing, cast to type.[250]

Im Vergleich mit der Commedia dell'arte ist Zeppo weder als Gegenmaske (*straight man*) noch als Maske (Comedian) einzuordnen, doch vereinen sich in seinem Auftritt Elemente beider Typen. Er ist die Brücke zwischen den maskierten und unmaskierten Schauspielern, für die es in der Commedia keine Entsprechung gab.

4.2 Das Spiel der Marx Brothers

Als *comedian comedies* steht die Performance der Marx Brothers in ihren Filmen im Vordergrund. Dabei kollidiert der präsentative Modus der Varieté-Unterhaltung mit dem repräsentativen Modus des klassischen Hollywoodfilms, welcher die Nummern der Comedians in ein fiktionales Erzählgefüge situiert.[251] Dies wird gerade im Vergleich zwischen dem

---

248   G. Marx 1976, S. 113.
249   Vgl. Marx/Anobile 1989, S. 45.
250   Chandler 2007, S. 561 f.
251   Vgl. Krutnik 1995, S. 17.

Schauspiel der Marxens selbst und ihren Nebendarstellern deutlich. Henry Jenkins und Kristine Brunovska Karnick unterscheiden in ihrer Betrachtung des darstellerischen Spiels in Filmkomödien zwischen Schauspiel (*acting*) und Darbietung (*performance*).[252] Im Schauspiel ordnet sich der Darsteller der Notwendigkeit der Handlung unter, sein Ziel ist in Tradition des realistisch-naturalistischen Bühnentheaters des 19. Jahrhunderts einen in seiner Entwicklung und Psychologie glaubwürdigen und runden Charakter zu verkörpern, dessen zielorientiertes und von Verlangen getriebenes Handeln die Geschichte voranbringt. Die meisten Nebenfiguren der Marx Brothers-Filme folgen dieser Spieltradition. Da der Fokus der Filmhandlungen auf den Brüdern liegt, tragen die Nebenfiguren zwar nur rudimentäre Charakterzüge. Doch verfolgen sie eine deutlich erkennbare Motivation und bringen als Handlungsträger den Plot der Filmgeschichte voran: Als Gegenspieler verwickeln sie die Marx Brothers in Intrigen, als Verliebte gewinnen sie die Brüder als Helfer in der Erfüllung ihrer Liebe (siehe Abb. 19). Dem stehen die Marx Brothers selbst entgegen, die jegliches mimetisches Spiel verneinen und stattdessen ihr performatives Talent als Comedians zur Schau stellen. Dies umfasst im Wesentlichen das Handwerk eines Schaustellers, zu dem neben Schauspiel auch Akrobatik, Tanz, musikalische Darbietung, Improvisation, Magie und Slapstick zählen. Seine Wurzeln reichen in die nicht-literarische Varieté-Unterhaltung und darüber hinaus zur Commedia dell'arte. Hier kommt das theatrale Verständnis von Komödie zum Vorschein, das dieser Untersuchung zugrundeliegt: Wie kaum ein anderes Genre lebt die Komödie von der unmittelbaren Beziehung zwischen Komiker und Publikum, wie es besonders in der *comedian comedy* deutlich wird. Anhand der direkten Kommunikation mit dem Zuschauer auf der Vaudeville-Bühne oder im Nachtclub perfektionierten die Comedians das Timing und den Rhythmus ihrer Gags. Sie entwickelten ein Gespür, eine komische Situation auszuspielen, ihr zusätzliche Lacher abzugewinnen, ohne sie dabei zu überreizen.

Acting und *performing* sind jedoch keine unvereinbaren Gegenpole, sondern ergänzende Kräfte. Der Komiker der *comedian comedy* kehrt nicht völlig vom narrativen Modell des Charakters im klassischen Hollywood ab, sondern nutzt die Freiräume, die ihm das Studiosystem in der

---

252   Vgl. Karnick/Jenkins 1995, S. 150.

exzessiven Präsentation seines darstellerischen Könnens lässt. Die Spannung zwischen fesselnder Performance und der Verkörperung von glaubwürdigen Charakteren, zu denen der Zuschauer eine Nähe aufbauen kann, ist wesentlich für Hollywood, dessen größtes künstlerisches wie auch ökonomisches Gut der Filmstar ist. Der Star hat stets beide Rollen zu erfüllen: Auf der einen Seite hat er den Protagonisten der Geschichte zu porträtieren, mit dem das Publikum mitfiebern soll. Auf der anderen Seite demonstriert er in seiner Darstellung sein artistisches Talent und stattet seine Filmrolle mit zusätzlicher semiotischer Signifikanz aus. Dies führt zu einem vielseitigen Verhältnis zwischen Star und fiktionaler Figur.[253] Karnick und Jenkins verweisen in dem Zusammenhang auf James Naremore, der in seiner Monographie *Acting in the Cinema* (1988) von einer *expressive coherence* spricht, in der selbst die performativen Aspekte des Spiels zur Kreation eines plausiblen Charakters beitragen können.[254] Naremore betrachtet hier vor allem Situationen in der Filmhandlung, in denen die Filmcharaktere selbst zu Performern werden, wenn sie falsche Identitäten annehmen, sich verstellen, übertreiben oder jemanden imitieren.[255] In den Marx-Brothers-Filmen lässt sich das Prinzip der *excessive coherence* beispielsweise an dem Schauspieler und Sänger Allan Jones nachvollziehen, der sowohl in A NIGHT AT THE OPERA als auch A DAY AT THE RACES die romantische Hauptrolle spielt. So mimt Jones im erstgenannten Film den Chorsänger Ricardo Baroni, der von Groucho dank Chicos Schwindeleien für die New Yorker Oper engagiert wird, in dem Glauben, es handle sich um den angesehenen Sänger Rodolfo Lassparri. Infolgedessen nimmt Jones an den Maskeraden und komischen Verwicklungen der Marxens Teil und besingt zusammen mit Rosa Castaldi (Kitty Carlisle) in der großen Musiknummer „Alone" seinen Herzschmerz. In der Auseinandersetzung zwischen *acting* und *performing*, Narration und Attraktion, Darsteller und Rolle kommt es also darauf an, auf welche Weise sich das virtuose Spiel ausdrückt und wie es in die Filmhandlung eingebettet ist.

---

253 Siehe dazu weiterführend die Arbeiten des Filmwissenschaftlers Richard Dyer, der sich intensiv mit den Funktionen und Mechanismen des Stars innerhalb des Hollywoodsystems auseinander gesetzt hat. Vgl. Dyer 1992.
254 Karnick/Jenkins 1995, S. 150 f.
255 Vgl. Naremore 1988, 68 ff.

Abb.19: Die Marx Brothers und ihre Nebenfiguren, insbesondere das Liebespaar, stehen in einem komplexen Verhältnis aus acting *und* performing. *Filmszene aus* A DAY AT THE RACES. *DVD-Screenshot.*

Vor diesem Hintergrund soll in den nachstehenden Kapiteln das Spiel der Marx Brothers näher beleuchtet werden, das sich in zwei wesentlichen Punkten mit den Auftritten der Commedia dell'arte-Truppen vergleichen lässt: Die geführte Improvisation auf Basis der Spielfiguren/Masken der Darsteller sowie das Einbeziehen von vorher einstudierten und bereits erprobten Materialien und Aktionen. Spieltraditionen also, welche die Marx Brothers aus ihrer Zeit im American Vaudeville übernommen und nach Jenkins zur wesentlichen Ästhetik ihrer *anarchistic comedies* erhoben haben.

4.2.1 Comedy all'improvviso

Seit jeher gehörte das Stegreifspiel zur wesentlichen Natur der Marx Brothers. Aufgewachsen als Kinder europäischer Einwanderer in den Immigrantenvierteln von New York, lernten sie auf der Straße jene Überlebensstrategien, die sie später durch das harte Geschäft des American Vaudevilles bringen sollten: Schlagfertigkeit, Geistesgegenwart und Fantasie.[256] Eine schnelle Zunge und die Fähigkeit, fremde Identitäten via Dialekte anzunehmen, erwiesen sich dabei als besonders nützliche Fähigkeiten, wie Harpo an seinem Bruder Chico bemerkte:

> Chico was quick of tongue and he had a flair for mimicking accents. In a tight spot he could pass himself off as Italian, Irish, German, or first-generation Jewish, whichever was most useful in the scrape he happened to be in.[257]

Stets auf die Reaktionen des Publikums angepasst, war das Spiel der Marxens bis in ihre Broadway-Zeit hinein geprägt von spontanen Einfällen und Improvisationen. Harpo Marx: „We never did stop ad libbing. No two performances were ever quite the same."[258] Dadurch konnten Zuschauer die gleiche Bühnen-Show an mehreren Abenden sehen und bekamen stets etwas Neues geboten. Dass selbst ihre Broadway-Stücke sich trotz fester Vorgabe durch das Drehbuch namenhafter Autoren dennoch in einem stetigen Entwicklungsprozess befanden, machte sie für Wes D. Gehring so erfolgreich: „In fact, one reason they were such hits on Broadway was the repeat business they received from fans who were curious to see what comic evolutions had occured."[259] Eine der berühmtesten Marx-Anekdoten zum Stegreifspiel der Marxens bezieht sich auf George S. Kaufman, einem der Autoren von *The Cocoanuts*, der während einer Vorführung gesagt haben soll: „I may be wrong, but I think I just heard one of the original lines."[260] Ihre Improvisationseinlagen beschränkten sich nicht selten auf *inside jokes* und Streiche, die sich die Marx Brothers gegenseitig spielten, um ihre eigene Schlagfertigkeit auszutesten. So versuchte Harpo

---

256   Vgl. Köppl 2002, S. 454.
257   Marx/Barber 1989, S. 31.
258   Ebd., S. 190.
259   Gehring 1987, S. 39.
260   Vgl. Kanfer 2000, S. 93.

Groucho aus dem Konzept zu bringen, als er während einer ruhigen Szene eine der Revuetänzerinnen hupend über die Bühne verfolgte:

> It broke up Groucho's scene, but when the laugh subsided, Groucho was ready to top it. "First time I ever saw a taxi hail a passenger," he said. So I chased the chorus girl back across the stage the other way, trying to catch Groucho flat-footed. I didn't. "the nine-twenty's right on time," he said. "you can always set your clocks by the Lehigh Valley."[261]

Die Marx Brothers passten ihre Improvisationen an ihr Publikum an. Was als Notwendigkeit in der Aufführungspraxis des American Vaudevilles anfing, entwickelte sich in ihren Broadway-Stücken zu einer intimen Verständigung zwischen Performer und loyalem Zuschauer. In *Animal Crackers* trieben es die Marx Brothers sogar soweit, eine improvisierte Pointe einem einzigen Zuschauer zu widmen: Groucho kommentierte das gestohlene Gemälde im Stück als „early Broun" und brachte somit den Kolumnisten und Marx-Freund Heywood Broun zum Lachen, während der Rest der Zuschauer sich wunderte, was mit einem „early Broun" gemeint sei.[262]

Als es zum Film kam, waren die Improvisationsmöglichkeiten der Marxens im Gegensatz zum American Vaudeville und Musiktheater allein durch die festgelegte Kameraführung und die wiederholenden Aufnahmen einer Szene eingeschränkt. Die Marx Brothers hatten sich nun an einen festen Ablauf zu halten. In *The Marx Brothers Scrapbook* (1973) sagte Groucho im Interview mit Richard Anobile:

> By the time we started making the second movie I started to ad lib more but it was still restrictive. We did have these chalk marks on the stage [...]. After all we knew that if we weren't on those marks, the camera wouldn't see us. And we did want to be in the movie![263]

Die unberechenbaren Bewegungen der Marxens waren durch die Bodenmarkierungen für die Schauspielerpositionen vor der Kamera streng reglementiert. Auch die Herausforderungen der noch nicht ausgereiften Tontechnik stellten eine weitere Einschränkung dar. In THE COCOANUTS mussten verschiedene Einstellungen mehrfach wiederholt werden, da entweder das Entfalten einer Landkarte während einer Szene zwischen Chico und Groucho unangenehme Störgeräusche erzeugte oder Mitglieder der

---

261 Marx/Barber 1989, S. 191.
262 Vgl. Gehring 1987, S. 39.
263 Marx/Anobile 1989, S.112.

Filmcrew ihr Lachen nicht unterdrücken konnten und somit die Aufnahme ruinierten.[264] Zudem hatten die Marx Brothers kein Publikum mehr, mit dem sie spielen und an welchem sie sich orientieren konnten. Statt in einer Feedbackschleife ihre Witze durch die Reaktionen des Publikums zu optimieren, hielten sich die Marx Brothers in der Regel an die Sätze, die ihnen ein Team aus Drehbuchautoren in den Mund legten. Zwar bauten sie dabei gelegentlich eigene Textzeilen oder Gags ein, doch entsprach der Wortlaut von Grouchos Monologen auf der Leinwand beispielsweise größtenteils der geschrieben Originalvorlage. Einzig Harpo entwickelte sein pantomimisches Material weitestgehend selbst. Trotz dieser und weiteren Einschränkungen blieb ein gewisser Grad an Improvisation in den Paramount-Filmen erhalten, allerdings mussten die spontanen Einfälle der Marxens mit der Kamera geprobt werden. Bei den Dreharbeiten zu DUCK SOUP fanden die Marxens in ihrem Regisseur sogar einen Gleichgesinnten: Leo McCarey war für seine zum Teil improvisatorische Arbeitsweise bekannt. In einer Vermischung von Vaudeville-Routinen und Slapstick-Elementen aus seinen Stummfilmen probierte er zusammen mit den Marx Brothers viele spontane Einfälle aus, die über das Drehbuch hinaus gingen. Als die Proben zu DUCK SOUP abgeschlossen waren, hatten sich McCarey und die Marx Brothers bereits zu großen Teilen vom Originaldrehbuch entfernt: „McCarey shared the viewpoint that a script for the Marx Brothers was about as definite as a treaty for the Indians."[265] Der Wechsel von Paramount zu MGM brachte jedoch eine noch größere Einschränkung der Improvisationsmöglichkeiten für die Marx Brothers mit. Dafür zeichnete sich Irving Thalberg selbst verantwortlich, der für die Marx Brothers ein ambivalenter Segen war, wie Roland Flamini in seiner Biographie *Thalberg. The Last Tycoon and the World of M-G-M* (1994) nachweist: Auf der einen Seite nahm er sich der nach dem Misserfolg von DUCK SOUP bereits abgeschriebenen Marx Brothers an und gab ihnen die Möglichkeit, ihre anarchistische Komik beizubehalten. Von ihm stammte die Idee, die Routinen aus A NIGHT AT THE OPERA als Zusammenschnitt im Vaudeville auszutesten, was unter anderem in der Perfektionierung der Kabinen-Szene mündete. Doch war sein Kontrollzwang auf der anderen Seite schädlich für jegliche Art von Spontanität. So beauftragte er Sam

---

264   Vgl. Adamson 1973, S. 80 ff.
265   Adamson 1973, S. 217.

Wood, den Regisseur von A NIGHT AT THE OPERA und A DAY AT THE RACES, damit, eine große Anzahl an Aufnahmen von jeder Szene anzufertigen, um sich für den Schnitt abzusichern – sehr zum Leidwesen der Marx Brothers. In Thalbergs Arbeitsmethode, Filme bis ins kleinste Detail durch zu planen, war für Improvisation kein Platz:

> As spokesman for the Marx Brothers' collective angst, Groucho would complain that Thalberg's obsessive overorganization was killing their spontaneity. After sailing for years in unchartered waters, they found Thalberg's detailed maps too confining. Surprises were part of the Marx Brothers' stock in trade; for Thalberg they were a nuisance.[266]

Nach Thalbergs Tod wurden die Beschränkungen für die Marx Brothers schließlich noch stärker. Von ihrer einstmals wilden Experimentierfreude blieb durch die rigiden Vorgaben des Studios und einem wachsenden Desinteresse am Filmgeschäft nicht mehr viel übrig. Dennoch konnten die Marx Brothers über ihre Filme ein Star-Image herausbilden, das viele Kinozuschauer zu dem Eindruck verleitete, dass viele der Witze in den Filmen improvisiert seien und die Marx Brothers ihr komisches Material selbst geschrieben hätten. Unterstützt wird dieser Eindruck durch die Anekdoten über das Chaos, das sie angeblich während des Drehs am Set anrichteten und die vielen Streiche, die sie ihren Regisseuren und Produzenten spielten. Viele der Filmemacher, die mit den Marx Brothers zusammenarbeiteten, erzählten etwa von der Schwierigkeit, alle vier Marx Brothers gleichzeitig ans Filmset zu bekommen. Schauspielerin Lillian Roth schrieb in ihrer Autobiographie *I'll Cry Tomorrow* (1954) über die strapaziösen Dreharbeiten mit den Marx Brothers zu ANIMAL CRACKERS:

> It was one step removed from circus. First Zeppo, the youngest, sauntered into the studio, about 9:30. At 10 somebody remembered to telephone Chico and wake him. Harpo, meanwhile, popped in, saw that most of the cast was missing, and strolled off. Later they found him asleep in his dressing room. Chico arrived about this time. Groucho, who had been golfing, arrived somewhat later, his clubs slung over his shoulder. He came in with his knees-bent walk, pulled a cigar out of his mouth, and with a mad, sidewise glance, announced, "Anybody for lunch?" Work resumed at mid-afternoon, and then it was five o'clock, and they were finished for the day.[267]

---

266 Flamini 1994, S. 235.
267 Roth 1954, S. 84 f.

Als die Marx Brothers bei ihrem Termin mit Irving Thalberg vor ver-
schlossener Tür standen, zündeten sie sich Zigarren an, pusteten Rauch
unter die Tür durch und riefen „Fire!", bis ein irritierter Thalberg die Tür
öffnete. Ein anderes Mal ließ Thalberg die Marx Brothers während einer
Besprechung in seinem Büro mehrere Stunden allein und fand bei seiner
Rückkehr die Brüder vor, wie sie vollkommen entkleidet an seinem Ka-
min Kartoffeln brieten.[268] Anekdoten wie diese erwecken den Eindruck
einer gewissen „Narrenfreiheit", welche die Marx Brothers innerhalb des
Studiosystems genossen. Tatsächlich kannten die Marx Brothers keine
Hemmungen, ihre Meinung in Hollywood unmissverständlich zu äußern.
Ihre Haltung zur rigiden Zensuraufsicht des Hays Office artikulierten die
Marxens etwa in folgender Geschichte: Harpo engagierte eine Stripperin,
entkleidete sie bis auf das Mindestmaß an legaler Freizügigkeit und verfolgte sie um das Büro des MGM-Studiobosses Louis B. Mayer, der zu
diesem Zeitpunkt ein Gespräch mit Will Hays führte.[269]

Im Falle der vermeintlichen Improvisationen in den Marx-Brothers-
Filmen lässt sich also sehr gut jene Auseinandersetzung zwischen den
Spieltraditionen des Unterhaltungstheaters und den neuen Anforderungen
des Films nachweisen, die Henry Jenkins für die *anarchistic comedies* beschrieb. Die Improvisationen, für die die Marx Brothers in ihren *comedy
acts* berühmt waren, wurden auf der Leinwand zur inszenierten Spontanität umgewandelt. Auf die Art blieb eine wichtige Essenz ihrer Vaudeville-
Performance, das wilde Stegreifspiel, dem Anschein nach erhalten und
konnte so mit den Vorstellungen des Studios überein gebracht werden.
Darin liegt ihre Nähe zur Aufführungspraxis der Commedia dell'arte: In
beiden Fällen steckte hinter dem Eindruck einer aus dem Moment heraus
entstandenen Darbietung eine vorher genau einstudierte und durchgepro-
te Performance. In der Commedia hoben sich die professionellen Wandertruppen von ihren Kollegen und Nachahmern vor allem durch ihre Fähigkeit ab, *all'improvviso* zu spielen. Dabei handelte es sich jedoch nicht um
ein völlig freies Improvisieren der Darsteller im Sinne des modernen The-

---

268   Vgl. Kanfer 2000, S. 191.
269   Vgl. L. Epstein 2004, S. 111.

atersports nach Keith Johnstone,[270] sondern um das Prinzip der geführten Improvisation. Statt einer naturalistisch-mimetischen Handlung bestand ein Stück der Commedia aus einzelnen Handlungsskizzen, etwa einer Abfolge von komischen Situationen des alltäglichen Lebens, festgehalten in sogenannten *scenarii* (auch *soggetti* oder *canovacci*). Die *scenarii* gaben den groben Verlauf der Geschichte in Szenenanweisungen vor und regelten die Auf- und Abtritte von Figuren. Obwohl die Spieltruppen meist ihre *scenarii* für sich behielten, liegt der Commedia-Forschung eine Vielzahl an *scenarii* in Form von Manuskriptsammlungen aus dem 17. und 18. Jahrhundert vor. Zu den wichtigsten Sammlungen zählt Flaminio Scalas *Il teatro delle favole rappresentative* (1611), die insgesamt 50 *scenarii* umfasst. Die Hinweise zum Stegreifspiel sind knapp, doch belegen die überlieferten *scenarii*, dass der Schauspieler der Commedia sehr wahrscheinlich im Moment der Aufführung aus einem Impuls heraus auf ein breites Repertoire an memorierten Haltungen, Bewegungen, Figurenreden und Aktionen zurückgriff und somit den Eindruck einer spontan-intuitiven Darbietung erzeugte:

> The actors did not, then, simply spawn new plot-lines, dialogue and *lazzi* as they went along. Successful improvised performance, when done not as an amateur *jeu d'esprit* like that of Troiano and his colleagues, but as a professional activity for a paying audience, was the outcome of long deliberation by, and close collaboration between, members of a troupe accustomed to playing together, and familiar with each other's stage *personae*.[271]

Nach Richard Andrews brauchten die Commedia-Schauspieler nicht ad hoc mit frei erfundenen Dialogen aufzuwarten, da das, was sie zu sagen hatten, schematisch vorgegeben war: Der Inhalt ihrer Rede ergab sich aus dem jeweiligen *scenario* und der Wortlaut wurde durch die Sprache, den Dialekt, den Stil sowie der Idiosynkrasie ihrer Maske diktiert. In Vorbereitung auf ihre Auftritte studierten die Schauspieler eingehend schriftliche Beispiele des linguistischen Registers, welches ihrer Maske am nächsten kam, bis die Sprache der Maske zur zweiten Natur der Comici wurde.[272] Ähnlich war es auch bei den Marx Brothers. Ihre Sätze im Film selbst wa-

---

270 Siehe dazu: Keith Johnstone (2008): *Improvisation und Theater*. Berlin: Alexander Verlag.
271 Richards/Richards 1990, S. 187.
272 Vgl. Andrews 2008, S. xxxviii.

ren in der Regel nicht improvisiert, doch wurden sie von den Drehbuchautoren ganz auf ihre Spielfiguren zugeschnitten, die sie im Stegreifspiel auf den Vaudeville-Bühnen entwickelt hatten. Außerdem hatten sie die Möglichkeit, das geschriebene Material der Autoren zu modifizieren, zu ergänzen oder gar abzulehnen, wenn es nicht mit ihrer Art von Komik übereinstimmte. So verfasste Buster Keaton, der nach seiner Stummfilmkarriere als Gag-Writer in Hollywood arbeitete, für Harpo eine elaborierte Slapstick-Szene in AT THE CIRCUS, die aber von den Brüdern verworfen wurde.[273] Die Worte auf dem Papier entfalteten erst in der Darbietung von Groucho und seinen Brüdern ihr komisches Potenzial: „It was Groucho's skill in delivering memorized material as if he could had just thought of it that made the difference, and led to the audience's belief that he was creating the humor as he spoke."[274] Die Marx Brothers waren der Ausgangspunkt der Filme; diese dienten lediglich als Vehikel, um die komische Performance der Marxens auf die Leinwand zu bringen. Zwar hatten die Marx Brothers nicht wie Chaplin die totale kreative Kontrolle über ihre Filme, doch war das Filmische meist der Darbietung ihrer komischen Performance untergeordnet, auf die ihre Filme immerhin als *comedian comedies* ausgerichtet waren. Auf diese Weise besaßen sie gegenüber ihren Regisseuren eine gewisse Eigenständigkeit: „You couldn't direct the Marx Bros. any more than you could Chaplin or a clown who had been doing the same number for many years", erinnerte sich Robert Florey, einer der Regisseure von THE COCOANUTS, in einem Interview.[275] Trotz der Beschränkungen durch die Gegebenheiten des Films behielten die Marx Brothers im Gegenzug zu anderen Hollywood-Stars der Zeit eine große Souveränität:

> The Marx Brothers made films that were direct outgrowths of their personalities, while most stars had personalities that were direct outgrowths of their films. They didn't say what they were told; they came in and told their writers what to tell them to say […]. [T]hey continually said what came to mind, whether it was some kind of gag or caustic remark, while Hollywood was full of people who wouldn't have said what they thought even if they had thought of anything to think.[276]

---

273 Vgl. Adamson 1973, S. 352 f.
274 Gardner 2009, S. 180.
275 Marx/Anobile 1989, S. 116.
276 Adamson 1973, S. 132 f.

Zwar darf diese Eigenständigkeit im Rahmen des rigiden Star-Systems der Hollywoodstudios nicht überbewertet werden, doch macht es sie immerhin zu kuriosen Randerscheinungen, die in der allgemeinen Betrachtung des Classical Hollywoods eine besondere Position einnehmen.

4.2.2 *Lazzi*: Die Comedy-Routinen der Marx Brothers

Viele der Gags und Routinen, welche die Marx Brothers in ihren Filmen aufführten, lassen sich durchaus mit den sogenannten *lazzi* der Commedia dell'arte vergleichen. Während Luigi Riccoboni in seiner *Histoire du théâtre Italien* den Begriff zunächst von „lacci" (dt. „Bänder") herleitet,[277] ist die Herkunft von *lazzi* aus dem Wort „l'azione" (dt. „Aktion") wahrscheinlicher.[278] *Lazzi* waren komische Einlagen, meist akrobatisch-physischer, oft aber auch sprachlicher Natur, die von den Figuren, vor allem den Zanni, in die Handlung eingeflochten wurden. Diese *lazzi* konnten sich entweder aus der Situation selbst ergeben, etwa als Zusatz einer Figurenrede, oder aber als eigenständiges Versatzstück unabhängig vom Plot ereignen.[279] *Lazzi* zählten zum Standardrepertoire einer Commedia-Truppe und wurden von den Schauspielern lange vorher geprobt; nur wenige *lazzi* waren fest in die Geschichte eingeplant. Sie dienten vielmehr dem Schauspieler als Improvisationsmaterial, um ungeplante Pausen zu füllen oder die Aufmerksamkeit des Publikums zu erhalten.[280] Zum Repertoire an komischen Aktionen, welche der Commedia-Darsteller wie aus dem Moment heraus präsentierte, sagte Dario Fo:

> Es war ein Besitzstand, der sich in der Praxis ungezählter Auftritte aufgebaut hatte, aus den unterschiedlichsten Stücken stammte und zum Teil direkt in den Vorstellungen entstanden war. Der größte Teil war mit Sicherheit das Ergebnis von Probieren und Lernen.[281]

Probieren und Lernen. Fos Erläuterung zur Commedia dell'arte ist nahezu deckungsgleich mit Grouchos Einschätzung zum Wesen des Comedians:

---

277   Vgl. Riccoboni 1969, S. 64 ff.
278   Vgl. Mehnert 2003, S. 38 f.
279   Vgl. Richards/Richards 1990, S. 150.
280   Vgl. Gordon 1983, S.5.
281   Fo 1989, S. 15.

„I believe all comedians arrive by trial and error. This was certainly true in the old days of vaudeville, and I'm sure it's true today."[282] Kurt-Uwe Nastvogel und Gerhard Schatzdorfer beschreiben in ihrem Lexikon zum komischen Film den Gag über seine Herkunft aus der Bühnenpraxis als improvisierten Einschub, aus dem im Laufe der Zeit eine vorbereitete komische Aktion wurde.[283] Ähnlich den *lazzi* handelte es sich bei den meisten Gags der Marx Brothers also um genau einstudierte Kunststücke, die sie zum großen Teil bereits auf den Vaudeville-Bühnen entwickelt hatten, wie die folgenden Beispiele belegen. Das komische Material der Marxens zeichnet sich ebenso wie das *lazzi*-Repertoire der Comici durch eine große Diversität aus. Dabei konnte es sich um einen Satz handeln, eine Grimasse, einen Dialog, eine Comedy-Routine, eine musikalische Einlage oder auch eine elaborierte Slapstick-Szene. Stellt man die Gags der Marx Brothers in direkten Vergleich mit den *lazzi* der Commedia dell'arte, so fällt auf, dass einige der originellsten Witze der Brüder in ähnlicher Form bereits Jahrhunderte vorher von den italienischen Comici auf die Bühne gebracht worden sind. So trickste Pulcinella lange vor Chico sein Gegenüber mit kruden Wortspielen aus, wie der berühmte *lazzo* mit der Fliege belegt: Der Herr fragt seinen Diener Pulcinella, ob sich während seiner Abwesenheit jemand in seinem Haus befand. Pulcinella antwortet: „Nicht eine Fliege!". Als der Herr das Haus betritt und feststellt, dass es voller Menschen ist, erklärt Pulcinella, dass er im Haus keine Fliege finden würde, sondern nur Menschen.[284] Ein weiteres Beispiel sind die *asides*, in denen Groucho beim Durchbrechen der vierten Wand sogar Witze auf Kosten von zuvor gebrachten Witzen macht, um den komischen Effekt zu potenzieren. So macht er sich in ANIMAL CRACKERS mit seinem *aside* über die Technik des *asides* selbst lustig: Während des Gesprächs mit zwei Damen tritt Groucho insgesamt drei Mal unvermittelt in den Vordergrund des Bildes und hält einen absurden *non-sequitur*-Monolog frontal in die Kamera. Die Komik dieser Szene besteht zum einen darin, dass Groucho die anderen anwesenden Figuren beim ersten Mal explizit darauf hinweist, nun einen *aside* zu halten, woraufhin diese in ihrer Haltung für einen Moment einfrieren: „Pardon me while I have a strange interlude". Zum anderen

---

282 G. Marx 2009, S. 73.
283 Vgl. Nastvogel/Schatzdorfer 1982, S. 30.
284 Vgl. Richards/Richads 1990, S. 176.

nimmt er mit ebendiesem Satz konkret Bezug auf Eugene O'Neills experimentelles Drama *A Strange Interlude* (1928), in der die Protagonisten in kurzen *asides* dem Publikum ihre inneren Gedanken in Form eines Selbstgesprächs präsentierten.[285] Infolgedessen sind Grouchos Sätze gespickt mit Hinweisen auf O'Neills Stück: „If I were Eugene O'Neill, I could tell you what I really think of you two. You know you're very fortunate The Theatre Gill isn't putting this on. And so is The Gill." Obwohl zu der Zeit durchaus ein Novum im Film, findet diese Art von Metahumor bereits mit dem sogenannten „Lazzo of the Script" in der Commedia dell'arte seine Verwendung: Bei diesem *lazzo* erzählt Arlecchino einen schlechten Witz, der auch beim wiederholten Male keinerlei Lacher erzielt. Daraufhin holt er ein Skript aus seinem Ärmel, liest den Witz ein letztes Mal, bekommt wiederum keine Reaktion und erklärt dem Publikum, er werde von nun seine eigenen Witze erzählen statt die des Stückeschreibers.[286]

Es gibt mehrere Möglichkeiten, die *lazzi* der Commedia dell'arte zu unterteilen. Generell kann man zwischen akrobatisch-visuellen Aktionen sowie sprachlichen Witzen unterscheiden. Bei den Marx Brothers fanden die sprachbasierten Routinen zum größten Teil in den Szenen zwischen Groucho und Chico statt, in denen sie den im American Vaudeville beliebten *double act* aus (Dialekt-)Komiker und *straight man* Film für Film variierten (siehe Abb. 20). An einer ihrer berühmtesten Szene, dem „Why a duck?"-Dialog aus THE COCOANUTS, lassen sich besonders deutlich die Spuren des Vaudevilles erkennen: Groucho versucht Chico anhand einer Karte die örtlichen Gegebenheiten Floridas näherzubringen, scheitert allerdings an dessen Begriffsstutzigkeit; statt „viaduct" versteht Chico „why a duck". Der Dialog ist gespickt mit ethnisch-geprägten Wortwitzen, die der Zuschauer heute im Gegensatz zum damaligen Publikum, dem die Immigranten-Witze des American Vaudevilles geläufiger waren, wahrscheinlich nicht mehr versteht: Groucho zeigt Chico, wo auf der Karte der Fluss samt Wasserdämme verläuft („Now all along here – this is the river front - all along the river – those are all the levees"), woraufhin Chico antwortet: „Thatsa the Jewish neighborhood." Über Klangassoziationen „verwechselt" Chico das englische Wort „levee" (dt. „Damm") mit dem in New York gängigen, jüdischen Familiennamen „Levi". Groucho kontert

---

285 Vgl. Gardner 2009, S. 154 f.
286 Vgl. Gordon 1983, S. 42.

daraufhin mit einem weiteren Wortspiel – Seine Antwort: „Well, we'll pass over that" ist eine Anspielung auf das jüdische Passah-Fest (engl. „Passover").

Abb.20: Ein klassischer double act – Chico und Groucho in ANIMAL CRACKERS. DVD-Screenshot.

Groucho und Chicos Dialoge sind Sprachduelle, in denen sie versuchen, sich mit zum Teil hanebüchenen Wortspielen gegenseitig zu übertrumpfen: „How much would you want to run into an open manhole?" – „Just the cover charge" – „Well, drop in some time" – „Sewer" (ANIMAL CRACKERS). Dialoge also, die über den *double act* des American Vaudevilles auf die regelmäßigen verbalen Konfrontationen zwischen Zanni und Herren in der Commedia zurück verweisen.[287] So liest sich der Beispieldialog zwischen Zanni und Pantalone in John Rudlins *Commedia dell'Arte*.

---

287   Vgl. Krutnik/Neale 1995, S. 182.

An Actor's Handbook (1994) als typische Chico/Groucho-Begegnung, in der sich das absurde Gespräch im Kreis dreht:

> Pantalone: Zanni, I want you to earn yourself a sovereign.
>
> Zanni: A sovereign?
>
> Pantalone: A gold sovereign.
>
> Zanni: Ah, right. (*He lies down and falls asleep*)
>
> Pantalone: Zanni, wake up you animal and come here.
>
> Zanni (*rising*): At your service, boss, as always.
>
> Pantalone: Dear Zanni, take the sonnet.
>
> Zanni: Give me the sovereign first.
>
> Pantalone: I will give it to you.
>
> Zanni: Where is it, then?
>
> Pantalone: It's there.
>
> Zanni: Show it to me.
>
> Pantalone: There it is.
>
> (*Zanni tries to snatch the coin but Pantalone grabs it back at the last moment*)
>
> Zanni: Shit!
>
> Pantalone: It's yours.
>
> Zanni: How can it be mine since you've got it?
>
> Pantalone: Trust me, my dear Zanni; take the sonnet and I will give it to you.[288]

Auch die akrobatisch-physischen Gags der Marx Brothers stehen zum Teil in einer langen Bühnentradition, wie etwa die bereits erwähnte Spiegelszene zwischen Harpo und Groucho aus DUCK SOUP beweist. Der Spiegeltanz zwischen zwei oder mehreren Schauspielern hat sich als beliebte Standardroutine visueller Komik von der Commedia über das Vaudeville bis in die Filmkomödie der Gegenwart erhalten. Neben den Marxens haben bereits große Komiker wie Charlie Chaplin in seinem Kurzfilm THE FLOORWALKER (DER LADENAUFSEHER, USA 1916, R: Charlie Chaplin) oder Max Linder in SEVEN YEARS BAD LUCK (USA 1921, R: Max Linder) den *lazzo* auf die Leinwand gebracht. Für eine Folge von I LOVE LUCY (USA 1951-1957, CBS) wiederholte Harpo in einem Gastauftritt den Gag

---

288   Rudlin 1994, S. 73 f.

22 Jahre später zusammen mit der als Harpo verkleideten Lucille Ball. Dem deutschen Publikum brachten Theo Lingen und Wolf Albach-Retty aus SIEBEN JAHRE PECH (D 1940, R: Ernst Marischka) die Routine näher und Jahre später der Komiker Otto Waalkes in seinen Filmen OTTO – DER FILM (D 1985, R: Xaver Schwarzenberger und Otto Waalkes) und OTTO'S ELEVEN (D 2010, R: Sven Unterwaldt).

Die Spiegelszene aus DUCK SOUP ist einer der wenigen Slapstick-Szenen zwischen Groucho und Harpo. In der Regel überließen Groucho und Chico die visuelle Komik ihrem stummen Bruder, die er zu nicht unwesentlichen Teilen durch seine *prop comedy* ausspielte: Ebenso wie Arlecchino greift auch Harpo beispielsweise auf ein Arsenal an ungewöhnlichen Gegenständen zurück, um sie in den unterschiedlichsten Situationen einzusetzen. Seine ausfahrbare Greifzange aus LOVE HAPPY steht dabei in direkter Tradition zu Arlecchinos „Lazzo of the Zig-Zag", bei dem die Dienerfigur bereits über ein gleiches Requisit verfügt.[289] Daneben verfügte Harpo unter seinen vielen Nummern über ein kleines Repertoire an wiederkehrenden Gags, die in den Filmen häufiger zum Einsatz kamen. Etwa seine Geste, beim Händeschütteln statt der Hand dem Gegenüber seinen Schenkel hinzuhalten, oder die berüchtigte „Gookie"-Fratze, die schon seit *Fun in Hi Skule* zu seinem Markenzeichen gehörte. Abgeschaut von einem New Yorker Tabakhändler namens Gehrke, der beim Drehen der Zigarren im Schaufenster eine groteske Grimasse zog, blies Harpo bei einem „Gookie" seine Backen auf, strecke die Zunge heraus und schielte mit den Augen.[290] Harpos „Gookie" kann als exemplarischer Marx Brothers-*lazzo* gesehen werden, da er ihn je nach Bedarf in seine Performance einbaute, um zusätzliche Lacher zu erzeugen oder die Aufmerksamkeit der Zuschauer wiederzugewinnen:

> Over the years, in every comedy act or movie I ever worked in, I've "thrown a Gookie" at least once. It wasn't always planned, especially in our early vaudeville days. If we felt the audience slipping away, fidgeting and scraping their feet through our jokes, Groucho or Chico would whisper in panic, "Sssssssssst! Throw me a Gookie!" The fact that it seldom failed to get a laugh is quite a tribute to the original possessor of the face.[291]

---

289 Vgl. Gordon 1983, S. 31.
290 Vgl. Kanfer 2000, S. 18.
291 Marx/Barber 1989, S 53 f.

Ein weiterer beliebter *lazzo* von Harpo war sein visueller Witz mit dem Silberbesteck, das ihm Stück für Stück aus dem Ärmel fällt, während er mit dem anderen Arm einem Polizisten die Hand schüttelt. In *Home Again* entwickelt, verwendete Harpo diese Nummer nicht nur in weiteren Bühnenauftritten der Marx Brothers und im Kinofilm ANIMAL CRACKERS, sondern auch in einigen TV-Auftritten in den 1950er Jahren.[292] An diesem Gag lässt sich sehr gut die Evolution einer solchen Nummer aufzeigen: Als Harpo den Gag zum ersten Mal in *Home Again* benutzte, fielen ihm lediglich 20 Silberwaren aus dem Ärmel. Über die Zeit weitete es sich jedoch bis zu 300 Besteckteile samt Kaffeekanne aus.[293] Harpo reizte die Elastizität seines Gags aus, indem er anhand der Publikumsreaktionen testete, wie weit er diesen Witz ausdehnen konnte. In der Commedia wurden die meisten *lazzi* ebenfalls sehr elastisch gehalten, um ihre Länge an den Verlauf der Aufführung und der Reaktion des Publikums anzupassen. Ein Beispiel ist hierfür ist ein Dialog zwischen Pantalone und Zanni, in dem der Herr seinen Diener auf die Bühne ruft, dieser seinen Auftritt aber durch eine Reihe von Ausreden und Gegenfragen aus dem Off aufschiebt. Zannis Verzögerungstaktik könnte sich endlos in die Länge ziehen; zwar wissen die Zuschauer wie auch der Akteur, dass Zanni zum Fortgang des Stückes die Bühne letztendlich betreten muss, doch konnte sich diese elastische Szene nach Belieben des Darstellers länger oder kürzer gestalten.[294] Ein weiteres Beispiel für einen elastischen Marx Brothers-Gag stellt der „Kampf" zwischen Harpo und Chico dar, den sie in allen fünf Paramount-Filmen vollführen. In dieser kleinen Routine hält Harpo Chico mit ausgestrecktem Arm von sich entfernt, während er mit dem anderen Arm seinen Schlag vorbereitet. Statt ihn jedoch zu schlagen, bewegt sich Harpo leicht nach vorne und verpasst seinem Gegenüber einen Tritt, während er Chicos Schlag ausweicht. Da Chico jedes Mal auf Harpos Finte hereinfällt, wiederholt sich das Spielchen einige Male, bis er den ungleichen Schlagabtausch abbricht. Die Komik dieser Routine besteht zusätzlich darin, dass ihr Kampf oft in den unpassendsten Situationen ausbricht – etwa, wenn sie

---

292   Vgl. Eyles 1973, S.12.
293   Vgl Mitchell 2011, S. 227.
294   Vgl. Andrews 2008, S. xlv.

unter der Beobachtung eines Hoteldetektiven stehen oder eine andere Figur aus dem Gefängnis befreien wollen.[295]

Abb.21: Harpo vertieft in sein charakteristisches Harfenspiel in AT THE CIRCUS. DVD-Screenshot.

Beispiele wie diese zeigen, dass viele Gags der Marx Brothers gleichzeitig zu deren figurenspezifischen Standardrepertoire gehören, genauso wie in der Commedia dell'arte bestimmte *lazzi* neben den Spracheigentümlichkeiten und Figurenreden zum Alleinstellungsmerkmal einer Maske zählten – Die Purzelbäume des Arlecchino waren genauso wenig von einem Pantalone auszuführen wie Groucho keine „Gookie"-Grimasse schneiden konnte. Seine Markenzeichen waren das Augenrollen und mimische Spiel mit seinen aufgemalten Augenbrauen, der gebückte Gang sowie seine Wortkaskaden und *non-sequitur*-Monologen. Bei Chico dürfen vor allem

---

295   Vgl. Eyles 1973, S. 36.

sein italienischer Akzent und die daraus resultierenden Wortspielereien, Missverständnisse und Sprachdekonstruktionen als figurentypische *lazzi* gelten. Darüber hinaus haben sich die Brüder für ihre Musikeinlagen auf bestimmte Instrumente und Darstellungsmodi spezialisiert. Chico spielt auf die immergleiche Art das Klavier: Tänzerisch fliegen seine Finger über die Tasten, springen zielsicher vom tiefen zum hohen Register, vollführen rasante Glissandi und schießen die letzten Noten mit Zeigefinger und Daumen ab. Dabei grinst er schelmisch in die Kamera, schneidet zu seinen verspielten Melodien Grimassen und interagiert hin und wieder mit der Menschenmenge, die ihm bei seinem Klavierspiel bestaunt. Auch Harpo ist dem Klavierspiel mächtig; in THE BIG STORE spielt er sogar vierhändig mit Chico. Doch ist sein eigentliches Instrument die Harfe, der er auch seinen Spitznamen „Harpo" verdankt. Seit seiner Kindheit von der Harfe der Großmutter fasziniert, begann Harpo sich das Harfenspiel selbst beizubringen. Das Instrument, an welchem er täglich übte, wurde zu einer festen Größe seines Lebens und tauchte in allen Bühnenauftritten und Filmen der Marxens auf mit Ausnahme von DUCK SOUP und ROOM SERVICE.[296] In Kontrast zu seinen Brüdern sorgten seine Harfensoli für besinnliche Musikpausen, in denen er oftmals den Liebessong des Films instrumental wiederholte und variierte. Harpo nahm sein Harfenspiel sehr ernst. Frei von Albernheiten und Klamauk trat er für einen Moment aus seiner Bühnenfigur Harpo und spielte als Arthur Marx mit konzentrierter Miene und eleganten Bewegungen. Setzte er sich an die Harfe, war Harpo in seiner eigenen Welt, jenseits der Lacher und Absurditäten, einer Welt harmonischer Klänge und purer Musikalität (siehe Abb. 21). Groucho dagegen unterwanderte die Erhabenheit der Musik durch clowneske Tanzbewegungen und aufgespieltem Pathos. Sein Instrument ist, wie sollte es anders sein, die Stimme; seine Songs stellten die musikalische Fortsetzung seiner doppelbödigen Monologe und Nonsense-Tiraden dar. Ironisch konterkarierte er die vom Chorus gesungenen Sätze durch präzise platzierte *one-liner*. Bei berühmten Nummern wie „Hello, I Must Be Going" (ANIMAL CRACKERS), „I'm Against It" (HORSE FEATHERS), „Just Wait 'Til I Get Through With It" (DUCK SOUP) oder „Lydia, the Tattooed Lady" (AT THE CIRCUS) lag der Fokus daher weniger auf der Gesangsdarbietung

---

296   Vgl. Mitchell 2011, S. 135.

als den komischen Liedtexten selbst, die Grouchos Wortwitz nachempfunden und ganz auf seine Figur zugeschnitten waren.

Neben den figurentypischen Aktionen gab es in Commedia jedoch auch einige *lazzi*, die von dem ganzen Ensemble gespielt wurden. In seiner Sammlung *Lazzi. The Comic Routines of the Commedia dell'Arte* (1983) führt Mel Gordon den „Lazzi of the Nightfall" als eine der beliebtesten Ensemblenummern auf: Auf das Signal eines Schauspielers hin gaben alle Akteure schlagartig vor, dass die Finsternis der Nacht über sie hereingebrochen sei und sorgten auf der Bühne für ein choreographiertes Chaos – Sie kletterten auf Leitern, stürzten, stolperten über Objekte oder andere Schauspieler und spielten einige Verwechslungssituationen durch.[297] Auch die Marx-Brothers-Filme enthalten in ihren wildesten Momenten Comedy-Routinen, in denen alle drei Marx Brothers zusammen interagieren. Ein Beispiel hierfür sind ihre ausgearbeiteten Slapstick-Szenen, in der sie die Konventionen der *bedroom farce* parodieren. Die *bedroom farce* geht auf die Stücke der französischen Theaterdichter Labiche, Feydeau und Courteline gegen Ende des 19. Jahrhunderts zurück. Die Themen ihrer leichten Bühnenkomödien waren der Privatsphäre des bürgerlichen Lebens entnommen; es ging um Ehebruch und die Auflösung und Rekombination von sexuellen Partnerschaften, visualisiert in temporeichen Slapstick-Szenen: „Es gibt dauernd Auftritte und Abgänge, die französische Farce der Jahrhundertwende ist das Genre der vielen Türen."[298] Die Marx'sche Parodie der *bedroom farce* geht auf den bereits erwähnten Sketch *Napoleon's First Waterloo* aus *I'll Say She Is!* zurück: Während Groucho als Napoleon in den Krieg zieht, tauchen nacheinander Zeppo, Chico und Harpo als Liebhaber seiner Frau Josephine auf, die sich jedes Mal verstecken, wenn der misstrauische Groucho in das Zimmer zurückkehrt.[299] Die Essenz des Sketches liegt in den raschen, oft gleichzeitigen Auf- und Abtritten der Marx Brothers, bei denen sie betont die Türen auf- und zuschlagen, sowie der theatralen Inszenierung, welche den kompletten Raum in das Spiel mit einbezieht.

---

297 Vgl. Gordon 1983, S. 47.
298 Nowak 1991, S. 43.
299 Vgl. Mitchell 2011, S. 156. Eine Mitschrift des Sketches findet sich bei G. Marx 1976, S. 41 ff.

In den Marx-Brothers-Filmen gibt es im Wesentlichen zwei Variationen des Napoleon-Sketches: In der ersten Variante konkurrieren die Marx Brothers um die Gunst einer Frau und gehen in deren Räumlichkeiten ein und aus. So wechseln Groucho, Chico und Harpo in THE COCOANUTS zwischen den benachbarten Hotelzimmern von Mrs. Potter (Margaret Dumont) und Penelope hin und her, stets die unsinnige Regel beachtend, nie zu dritt in einem Raum gesehen zu werden. In HORSE FEATHERS geben sich sogar alle vier Marxens im Zimmer von Thelma Todds „College-Witwe" die Klinke in die Hand. In der zweiten Variante versucht Chico hingegen Groucho daran zu hindern, dem falschen Spiel einer weiblichen Antagonistin zum Opfer zu fallen. In A DAY AT THE RACES durchkreuzt er mit Harpo mehrmals deren gemeinsame Liebesszene, während er in A NIGHT IN CASABLANCA Groucho und seine Gespielin von einem Hotelzimmer in das andere scheucht. Was die unterschiedlichen Varianten miteinander verbindet, ist die Tatsache, dass die Szenen zunächst eine konkrete Ausformung der übergeordneten Filmhandlung sind. In allen vier Szenen verstricken sich die Marx Brothers in die Intrigen ihrer Gegenspieler: In THE COCOANUTS stiehlt Penelope die Diamantenkette von Mrs. Potter und will den Verdacht auf Chico und Harpo lenken (siehe Abb. 22); in HORSE FEATHERS umgarnt Thelma Todd sowohl Zeppo als auch Groucho, um an die geheimen Football-Signale zu geraten, die sie dem Dekan des rivalisierenden Colleges zu übergeben plant. In A DAY AT THE RACES versucht der Geschäftsleiter Whitemore (Leonard Ceeley), das Vertrauen der reichen Mrs. Upjohn (Margaret Dumont) in Groucho zu zerstören, indem sie Groucho in einer kompromittierenden Situation mit einem leichten Mädchen entdecken soll. In A NIGHT IN CASABLANCA ist das Stelldichein zwischen Beatrice (Lisette Verea) und Groucho eine Falle des Nazi-Verbrechers Heinrich Stubel (Sig Ruman), der Groucho ermorden möchte, um an das im Hotel Casablanca versteckte Gold zu gelangen.

Die Einbindung der jeweiligen Szenen in die narrative Plot-Konstruktion des Films wird jedoch durch die Performance der Marx Brothers unterwandert: Die in den Szenen zur Schau gestellte Slapstick entsagt sich ihrer erzählerischen Motivation und wird durch die schiere Physikalität der Marxens zum puren Selbstzweck. Die *bedroom farce*-Szenen der Marx Brothers tragen also nach Steve Neale und Frank Krutnik gleichzeitig narrativ wie auch antinarrative Züge. In ihrem Buch *Popular Film and Television Comedy* (1990) unterscheiden die beiden Autoren bei der Betrachtung der Filmkomödie zwischen dem Komischen als allgemeine Generation von Gelächter und der Komödie als ästhetischen Begriff, unter dem eine bestimmte Erzählform verstanden wird. Dabei stellen sie unter anderem das komische Ereignis, das aus dem Voranschreiten der Handlung bzw. der Existenz von Charakteren selbst entsteht und situativ bedingt ist, dem Gag gegenüber. Dieser existiert außerhalb der narrativen Struktur des Films, lenkt von der eigentlichen Handlung ab und könnte somit auch ohne Weiteres in einem anderen Rahmen, etwa einer Varieté-Vorführung, zum Einsatz kommen.[300] Die Ausgangssituation der *bedroom farce*-Szenen ist deutlich ein komisches Ereignis: Das heitere Versteck-spiel soll im Zuschauer Spannung aufbauen, indem er sich etwa fragt, ob die Marx Brothers von ihren Verfolgern „entdeckt" werden oder ob Chico Groucho rechtzeitig vor dem nahenden Verhängnis bewahren kann. Doch bleibt, wie Alan Dale in seiner Untersuchung *Comedy is Man in Trouble* (2000) festhält, in der Ausführung der Szenen jegliche Form von Spannung von vornherein ausgespart, da sowohl die Marx Brothers als auch ihre Mitspieler völlig motivationslos zu agieren scheinen:

> This activity, which generates suspense in farce, is meaningless in their movies because the Brothers don't care about the plot or their reputations, and we know nothing will come of the situation in any realistic sense. So the suspense of wheth-er they'll be caught is nullified before it's played out; when it *is* played out any-way, it's not the action but some distillate of fundamentally pointless hyperactivi-ty.[301]

Die Marx Brothers parodieren die ästhetische Form der *bedroom farce* und legen ihren Mechanismus zur Erzeugung von Komik offen. Besonders deutlich wird dies in HORSE FEATHERS: Als Harpo zum ersten Mal das Zimmer von Thelma Todd betritt, trägt er einen Block Eis bei sich, den er ihr überreicht. Irritiert schreit sie ihm entgegen, dass sie kein Eis möchte, woraufhin er den Eisblock wieder an sich nimmt, aus dem Fenster wirft und wieder abtritt. Nach kurzer Zeit vollführt Chico den gleichen Auftritt und übergibt Thelma Todd einen weiteren Eisblock: „Here lady, you dropped your ice." Erneut will Todd nichts von dem Eis wissen; Chico wirft den Eisblock aus dem Fenster und beginnt, Todd offensiv amourös zu umwerben. Als Groucho und Chico sich Minuten später beide auf dem Sofa in inniger Umarmung mit Thelma Todd befinden, stürmt Harpo ein letztes Mal mit einem Eisblock in das Zimmer. Nun rennt er jedoch gera-

---

300   Vgl. Krutnik/Neale 1995, S. 43 ff.
301   Dale 2000, S. 138.

dewegs über das Sofa zum Fenster, entledigt sich des Eisblocks, und rennt wieder zurück zur Tür, ohne Todd, Groucho oder Chico auch nur eines Blickes gewürdigt zu haben. Die Lacher entstehen durch die Ausstellung der Mechanik der komischen Aktion. Die Szenerie hat sich zu einem einzigen Gag entwickelt, bei dem die Performance des Comedians in den Vordergrund gerückt ist und mit dem Plot um die Aufmerksamkeit des Zuschauers konkurriert. Momente wie diese verdeutlichen, dass die *bedroom farce*-Szenen trotz ihrer Situierung im Kontext der Erzählung gerade durch ihre Ausführung klare anti-narrative Tendenzen aufweisen. Sie folgen als in sich geschlossene Gags vollkommen ihrer eigenen Dramaturgie und stellen als disruptives und potenziell subversives Element die Fragilität der narrativen Logik des Films selbst in Frage.[302]

Abb.22: Die bedroom farce-*Szene in* THE COCOANUTS. *DVD-Screenshot.*

---

302 Vgl. Jenkins 1992, S. 104 f.

Dies ist eine wesentliche Beobachtung für das Spiel der Marx Brothers: Ihre Gags stehen dem Voranschreiten des Plots sowie der plausiblen Charakter-Entwicklung entgegen und haben als eigenständiger Exzess in der Tradition einer Vaudeville-Nummer allein die unmittelbare Einwirkung auf den Zuschauer zum Ziel. Diese Reibung zwischen narrativen und antinarrativen Tendenzen im komischen Spiel der Marx Brothers lässt sich bereits in ähnlicher Weise bei der Commedia dell'arte beobachten. Die Gegenüberstellung von handlungsbedingten komischen Ereignissen und eigenständigen Gags findet sich wieder in dem Konflikt zwischen der Konstruktion des Komischen in den Situationen der *scenarii* (Intrigen, Verkleidungen, Verwechslungen, etc.) und dem Einbinden von vorher einstudierten komischen Materialien durch die handlungsunabhängigen *lazzi*. Die Aktion der Schauspieler stand stets über der Plausibilität des Erzählgefüges. Die ausschweifenden Klagereden der Vecchi-Masken dienten beispielsweise nicht so sehr zur Verdeutlichung des Unglücks der Figuren, sondern vielmehr der Demonstration der verbalen Virtuosität des Schauspielers. Der Akteur mit seinen kunstfertig vorgetragenen *lazzi* war also in der Commedia dell'arte ebenso Ausgangspunkt der Darbietung wie der Protagonist der *comedian comedy*, der seine Gags zum Publikum hin spielte.

4.3 Zanies in a Stage-Movieland: Die Marx Brothers und das aldilà teatrale

Die Überschrift dieses Kapitels ist dem Titel „Zanies in a Stage-Movieland" entnommen, den Donald McCaffrey für den Abschnitt zu den Marx Brothers in seiner Untersuchung zur amerikanischen Tonfilmkomödie der 1930er Jahre wählte.[303] Interessanterweise werden die Marx Brothers in der Forschungsliteratur des Öfteren mit „zany" umschrieben und ihre Filme als „zany comedy" charakterisiert.[304] In der englischen Sprache versteht man unter der Bezeichnung „zany" laut *The Concise Oxford English Dictionary* (2002) gemeinhin eine „amusingly unconventional and idiosyncratic" Person. Historisch gesehen bezieht sich „zany" außerdem

---

303   Vgl. McCaffrey 1973, S. 73 ff.
304   Vgl etwa Charney 2007, S.123, Gehring 1987, S. 27.

auf den „comic performer partnering a clown, whom he imitated in an amusing way" und leitet sich vom französischen *zani* bzw. italienischen *zanni* ab, der Dienerfigur aus der Commedia dell'arte.[305] Anders als vielleicht manchen seiner Kollegen ist sich McCaffrey der kulturhistorischen Dimension dieses Wortes bewusst gewesen. In seiner Betrachtung der Marx Brothers setzt er die Brüder beiläufig in Verbindung mit der Tradition der Commedia dell'arte. Entscheidend ist, dass er dies anhand seiner Beschreibung der „Punch and Judy"-Szene aus MONKEY BUSINESS nachvollzieht, in der er auf Harpos kuriose Verwandlung zur Maske des Puppentheaters eingeht:

> A poetic touch is added as the scene recalls the primitive origins of the brothers'
> madcap comedy – visions of travelling players of medieval times who performed
> shows at fairs and the later development of the strolling players, the *commedia
> dell'arte*, come to the mind of the critic.[306]

Mit dem Verweis auf mittelalterliche Vaganten und die Wandertruppen der Commedia ordnet McCaffrey Harpos Maskenspiel unbewusst in jene Tradition ein, die Rudolf Münz dem Strukturtypus des ›Theaters‹ in seinem Theatralitätskonzept zurechnet. Das in seiner einflussreichen Arbeit *Theatralität und Theater. Zur Historiographie von Theatralitätsgefügen* (1998) vorgestellte Modell der Theatralitätsgefüge stellt einen umfassenden Entwurf zur Theatergeschichtsschreibung einer bestimmten Epoche dar. Dabei wird der Kernterminus „Theater" qualitativ aufgefächert in die vier Strukturtypen Theater (Kunsttheater), »Theater« (Lebenstheater), ›Theater‹ (Theaterspiel) und Nicht-Theater, deren wechselseitiges Verhältnis die Theatralität eines bestimmten Zeitraums ausmacht.[307] Unter diesen Typen begreift Münz Theater als die „reine Theaterkunst", der das »Theater« als bestimmtes Auftreten des Menschen im außerkünstlerischen Bereich, etwa in der alltäglichen Selbstdarstellung oder dem sozialen Rollenspiel, gegenübersteht.[308] Im Verlauf der Geschichte entwickelten sich nach Münz zwei Reaktionen auf dieses komplexe, soziale Wechselverhältnis zwischen Theater und »Theater«: Die totale Ablehnung jeglicher „Theaterei" im Nicht-Theater und die Konzipierung eines „anderen"

---

305   Pearsall 2002, S. 1662.
306   McCaffrey 1973, S. 78.
307   Vgl. Hulfeld 2008, S. 319.
308   Vgl. Münz 1998, S. 69 f.

Theaters im ›Theater‹, in dem auch das Spiel der mittelalterlichen *giullari* sowie die Commedia dell'arte einzuordnen ist. Als Gegenströmung zum Kunstbetrieb des Theaters sowie der Inszenierung und Repräsentation des Individuums im Alltag (»Theater«) stellt der Strukturtypus des ›Theaters‹ das „Theatralische" der beiden anderen Typen bloß,

> wozu er sich überwiegende [sic] der Maske bedient (= seine destruktive Seite) und wozu er historische Rückgriffe vornimmt auf »vortheatralische« Verhältnisse »goldener Zeitalter« (= seine konstruktive Seite). Dieses ›Theater‹ gibt sich betont und bewußt »unnatürlich«, d.h. supra-artifiziell; sein Hauptrepräsentant, Harlekin, hatte »kein Vorbild in der Natur«, avancierte aber zum »Genius des Lebens«.[309]

Die kulturelle Signifikanz des Phänomens der Commedia dell'arte erschließt sich also über den Kontext des „anderen Theaters" in seiner Wechselwirkung zu weiteren Typen des Theaters in der Renaissance, zu der nicht nur das Schauspiel bürgerlicher und aristokratischer Akademien gehörte, sondern auch das Gebaren und die Zur-Schau-Stellung des Individuums am Hof sowie die Theaterfeindlichkeit etwa bei klerikalen Ordnungshütern.

In ebendiese Tradition lassen sich auch die *anarchistic comedies* der Marx Brothers über ihre Wurzeln im American Vaudeville einordnen, die als Reaktion auf einen bestimmten kulturhistorischen Kontext der amerikanischen Gesellschaft in den ersten Dekaden des 20. Jahrhunderts angesehen werden können. Der Bezug zum zeitgenössischen Kunsttheater sowie zum Lebenstheater bürgerlicher Selbstdarstellung ergibt sich dabei vor allem im Diskurs über die Ästhetik und Funktion des Lachens, der nach Henry Jenkins die Öffentlichkeit eines im kulturellen Wandel befindlichen Amerikas zu der Zeit beschäftigte.[310] In der Auswertung zeitgenössischer Kritiken und Essays macht Jenkins zwei konträre Positionen aus. Auf der einen Seite führten Vertreter einer puritanischen Mittelklasse die Tradition des viktorianischen Humor-Verständnisses fort. Lachen sei lediglich eine neurale Stimulation, die es wie andere Körperaffekte zu beherrschen gelte. Ihr Ideal von Komik war das bedächtige Lachen des modernen Menschen, die Freude des Intellekts, das sich vom primitiven Gelächter abhebt. Die höchste Form der Komödie vermische für sie das Komische mit dem Pathos des Tragischen, um in ausgewählten Stücken mit

---

309   Münz 1998, S. 70.
310   Vgl. Jenkins 1992, S. 26 ff.

logischer Handlung und ansprechenden Charakteren zugleich die *serious sentiments* wie Sympathie, Respekt und Mitleid zu berühren. In der Ästhetik des *comic realism* im Stile etwa einer klassizistischen Komödie von Molière gebändigt, geriet das Lächerliche zum stillen Amüsement. Diesem *thoughtful laughter* standen die Ausbrüche des *purposeless laughter* einer aufkommenden, populären Massenunterhaltung gegenüber. Frei von jeglichen sozialen und moralischen Absichten erfüllte das Lachen etwa im American Vaudeville einen reinen Selbstzweck. Humor wurde als Handwerk begriffen, die Massenunterhaltungsindustrie hatte eine Intensivierung der unmittelbar-sinnlichen Einwirkung auf das Publikum zum Ziel; je heftiger die Zuschauerreaktion, desto erfolgreicher war der Künstler. Gemeinhin als *New Humor* bezeichnet, war dieser neue Umgang mit dem Lachen zum Ausdruck einer neuen Bevölkerungsschicht geworden, die den Erfahrungen der rapiden Umbrüche im urbanen Leben sowie dem Einfluss der Volkstraditionen der Immigranten ausgesetzt waren:

> The New Humor expressed frustration and confusion against the inability of American institutions to fulfill their promises. Rapid new styles of living required a more intense, more economic form of comedy than would be desirable or even acceptable in a more leisurely, pastoral era.[311]

Der *New Humor* der neuen Massenkultur rief jedoch die Sittenwächter und Moralisten auf den Plan, die mit einer voranschreitenden Akzeptanz des Lächerlichen in der Lebenskultur den Verfall gesellschaftlicher Institutionen und Werte fürchteten. Der Kontrollverlust über den eigenen Körper beim herzhaften Gelächter wurde gleichgesetzt mit dem Verlust von sozialer Kontrolle:

> If American civilization had been founded upon a seriousness of purpose, rooted in idealism and committed to achievement, then a new „flippancy", with its mixture of cynicism and immediate gratification, would destroy it. [...] America had become a laughing nation, a country of frivolists [...], a culture dangerously out of control. Only a return to self-restraint and discipline, only a resurrection of the nineteenth-century comic aesthetic could divert America from its course toward anarchy and immorality.[312]

An der Kritik der amerikanischen Sittenwächter gegenüber dem *New Humor*, dass ein ausgelassenes Gelächter als Aufgabe der körperlichen

---

311 Jenkins 1992, S. 37.
312 Ebd., S. 43.

Selbstbeherrschung notwendige Restriktionen der Gesellschaft selbst aufhebe, lassen sich geradezu mustergültig jene Beobachtungen ablesen, die der Soziologe Norbert Elias in seiner umfassenden Arbeit *Über den Prozess der Zivilisation* (1939) für die Renaissance festgehalten hat. In seiner Untersuchung erfasst Elias die historischen Veränderungsprozesse menschlichen Empfindens und Verhaltens im Kontext gesellschaftlicher Umwälzungen westeuropäischer Kulturen. Aufgrund einer voranschreitenden Funktionsteilung und Spezialisierung der Gesellschaft, in der sich Individuen der unterschiedlichsten sozialen Schichten in gegenseitiger Abhängigkeit und im gemeinsamen Konkurrenzkampf miteinander arrangieren müssen, wächst der Zwang, das Verhalten des Anderen zu beobachten und vor allem das eigene zu kontrollieren. Der äußere Zwang zur Regulation des eigenen Trieb- und Affekthaushaltes wird zum unbewussten Selbstzwang internalisiert und manifestiert sich etwa in der Konstruktion eines „Über-Ichs" im Sinne Sigmund Freuds und dem Vorrücken von Scham- und Peinlichkeitsschwellen.[313] So ist der Hofmann der Renaissance in Anbetracht der Monopolisierung der Gewalt im Übergang eines Kriegeradels zum Hofadel vom Spätmittelalter bis in die frühe Neuzeit darauf bedacht, im öffentlichen Auftreten spontane Wallungen und Affekte zugunsten eines kontrollierten Benehmens zu unterdrücken. Um den erforderlichen Habitus am Hof zu maßregeln, wurde in der Renaissance eine Reihe von Sittenlehren verfasst, unter denen das Werk *Il Cortegiano* (*Der Hofmann*, 1528) von Baldassare Castiglione am bekanntesten ist. In seinen Ausführungen zu dem Erscheinungsbild, den Körperhaltungen und –bewegungen sowie dem gesellschaftlichen Auftreten eines vollkommenen Hofmannes (bzw. einer Palastdame) entwirft Castiglione das Bild des *gentiluomo*, das sich im Verhaltensideal des *Gentleman* im bürgerlichen Selbstverständnisses der heutigen Zeit erhalten hat.[314] Die Selbstbeherrschung in der puritanisch-bürgerlichen Gesellschaft im Amerika der Jahrhundertwende verdeutlicht sich in der Praxis des *thoughtful laughter* und lässt sich also auf jene Phänomene des Zivilisationsprozesses zurückführen, die bereits in Castigliones *Il Cortegiano* offenbar wurden: Die Verin-

---

313   Siehe dazu: Norbert Elias (1991): *Über den Prozeß der Zivilisation: soziogenetische und psychogenetische Untersuchungen.* Zwei Bände. Frankfurt am Main: Suhrkamp.

314   Vgl. Castiglione 1996.

nerlichung der eigenen sozialen Rolle in der Naturbeherrschung am eigenen Leib durch die Unterdrückung von spontanen Affekten und körperlichen Trieben sowie der Ausweitung des Blickes über das Augenblickliche hinaus auf eine die Konsequenzen des eigenen Verhaltens kalkulierende Langsicht, um die bestehende Wirtschaftlichkeit und Wahrung von Besitzverhältnissen in einer (früh-)kapitalistischen Gesellschaft zu gewährleisten. In diesem Zusammenhang wurden Kunstformen wie das Theater zur Vermittlung und Selbstvergewisserung solcher ideologischen Konzepte von der intellektuellen Elite dienstbar gemacht, im Hof- und Akademietheater der Renaissance ebenso wie in den amerikanischen *legitimate theatres* um 1900. Frei von dem Obszönen, Vulgären und Nichtigen, wurde insbesondere das Lachen als sinnliches Vergnügen aus der Ernsthaftigkeit des Alltags verdrängt, da es, wie Philosoph Joachim Ritter es in seinem Aufsatz „Über das Lachen" (1940) ausdrückt, der allgemeinen Ordnung der Dinge schlechthin entgegen steht.[315] In dieser Hinsicht kommt der verpönten Populärunterhaltung in Gestalt etwa der Commedia oder des American Vaudevilles eine entscheidende Funktion zu. Als Gegenbewegung zum ernsthaften Kunsttheater macht es in der Hervorhebung des Lächerlichen auf das „Andere" aufmerksam, was in den Mechanismen des Ernstes aus dem Alltag verbannt wurde, und deckt die „geheime" Zugehörigkeit dieses „Anderen" zum alltäglichen Dasein auf:

> Im Unsinn, im ausgelassenen Treiben, im Spiel, im Scherz werden die Seiten des Lebens als zu ihm zugehörig ergriffen, die für den Ernst immer nur als Ausgegrenztes und Nichtig-Widerständiges faßbar sind.[316]

Die subversive Kraft kommerzieller Volksunterhaltung von der Commedia über das American Vaudeville bis zu den Marx Brothers liegt also in der Hervorbringung der nach Elias im Zuge des Zivilisationsprozesses unterdrückten Affekte und deren Wiedereingliederung in das alltägliche Leben. Dies geschieht etwa in der Überbetonung des Leiblichen und Sinnlichen im virtuosen Körperspiel der Darsteller, dem Nachgehen spontaner Körperimpulse, in der Hervorhebung des Augenblicklichen, einer Enthemmung des Umgangs mit Essen und Trinken, Sexualität und Gewalt sowie dem ostentativen Gebrauch der Maske. Dadurch werden die Me-

---

315   Vgl. Richter 1989, S. 62 ff.
316   Ebd., S. 82.

chanismen des Sozialisationsprozesses offen gelegt, die Künstlichkeit der „zweiten Natur" ausgestellt und die soziale Maskerade des Alltags entlarvt. Dies steht in direkter Korrelation zu Jenkins' Definition der *anarchistic comedy*, in welcher der Clown-Protagonist in der Auseinandersetzung zwischen dem natürlichen Selbst und der restriktiven Gesellschaft das Chaos im karnevalesken Sinne als utopischen Zustand proklamiert:

> Reduced to its simplest outline, anarchistic comedy explores the relationship of the „natural", uninhibited individual to the rigidifying social order, of creative impulses to encrusted habit and conventional modes of thought. Disorder is proposed as a utopian solution not because it offers a viable alternative to the status quo but because the existing order is stifling to all that is vital in human life.[317]

Jenkins formuliert hier vor, was andere Kritiker über die Filme der Marx Brothers in ihren verschiedenen Ansätzen ausgeführt haben: Im anarchistischen Spiel der Marxens hat der Zuschauer Teilhabe an dem Ausleben innerer, durch gesellschaftliche Prozesse unterdrückter Wunschfantasien. Interessanterweise werden dabei den Marx Brothers oft andersweltliche Qualitäten zugesprochen – In ihren *anarchistic comedies* erschaffen sie eine „andere" Welt. So sieht Maurice Charney in den Filmen der Marx Brothers einen Gegenentwurf zur vorherrschenden Realität: „They are such free spirits that they create an alternative reality that is wild and untamed."[318] Auch Richard Rowland versteht die Anderswelt der Marx Brothers als eine eskapistische Fantasie, doch stellt sie für ihn ebenso eine Reflexion auf unsere Wirklichkeit dar: „But the Marx Brothers offer a pure escape; [...] they show us another world, a moon world, a world which illuminates our own, revealing our familiar surroundings as so much nonsense."[319] Die Marx Brothers sind nicht nur Erschaffer einer Anderswelt, sie scheinen geradezu selbst aus einer jenseitigen Welt entstiegen zu sein. So kommt Wes Gehring in seinem Buch *The Marx Brothers. A Bio-Bibliography* (1987) wiederholt auf Harpos andersweltliche Natur zu sprechen.[320] Arthur Marx beschreibt die Marx Brothers als „zany characters, whose appearances alone were enough to make you wonder if they had been spawned somewhere off in outer space and question whether

---

317   Jenkins 1992, S. 221.
318   Charney 2007, S. 17.
319   Rowland 1947, S. 269.
320   Vgl. Gehring 1987, S. 57 und S. 97.

they were actually humans."[321] Als er auf einer Party als Sohn von Groucho vorgestellt wurde, schüttelte seine Gesprächspartnerin ungläubig den Kopf – Sie konnte sich nicht vorstellen, dass die Filmfigur Groucho das Leben eines normalen Menschen führen und Kinder in die Welt setzen konnte.[322] In seiner Arbeit *The Comic Mind. Comedy and the Movies* (1973) liefert Gerald Mast schließlich den entscheidenden Hinweis. Für ihn stellt die andersweltliche Qualität der Marx Brothers gerade ihre Legitimation dar, als Außenstehende in ihren Filmen gesellschaftliche Ordnungen zu unterwandern:

> The Marx Brothers could get away with subversion because of their sheer madness. The brothers [...] were pure loons, creatures from some other world, and this distance from reality gave them powerful privileges.[323]

Masts Aussage verbindet die Marx Brothers mit der wohl ungewöhnlichsten Facette der Commedia dell'arte – dem *aldilà teatrale*. Unter diesem Begriff subsumiert Rudolf Münz in der europäischen Theatergeschichte das Phänomen der kuriosen Beziehung zwischen Theaterleuten und einer Anderswelt.[324] Wie schon die mittelalterlichen *giullari* benutzten die italienischen Comici den Bezug zu einer „anderen" Welt in Reiseberichten und Erzählungen als Autorisierung, um in ihrem parodistischen Spiel Kritik am gesellschaftlichen Status quo üben zu können. Das *aldilà teatrale* ist gewissermaßen die fantastische Komponente des „anderen" Theaters, deren Akteure sich als Botschafter einer Anderswelt (*aldilà*) und Künder eines Goldenen Zeitalters sahen. Dieses *aldilà* versteht sich als mündliche Überlieferung einer mit der verkehrenden Lachkultur des Karnevals verbundenen Parallel- statt Gegenwelt zur Lebenswirklichkeit der Menschen, oft in Gestalt einer Unterwelt oder Hölle, die allerdings, wie generell alles Teuflische, positiv konnotiert ist. Das *aldilà* ist ein paradiesischer Ort, eine Sozialutopie, in welcher der Mensch im Einklang mit sich selbst steht, quasi ein ursprüngliches, „vortheatrales" Sein der Welt.[325] Das Bindeglied zwischen Diesseits und der Anderswelt waren die Akteure selbst, in ihrem durch bestimmte Gesten und Bewegungen zur Schau gestellten, grotesken

---

321   A. Marx 1973, S. 104.
322   Ebd.
323   Mast 1979, S. 282.
324   Vgl. Münz 1998, S. 273 ff.
325   Vgl. Ebd., S. 133 ff.

Körper manifestierte sich die Konfrontation des *aldilà* mit der Wirklichkeit:

> Eine einzige körperliche Aktion, der Sprung des Harlekin auf die Bühne und sein „Eccomi!" enthüllten: das ist Theater. Mit dem Harlekinsprung wurde klargestellt, hier geht es nicht mehr mit rechten (normalen) Dingen zu, hier sind gesellschaftliche Normen und Zwänge außer Kraft gesetzt, der Ambassadeur, der Verbindungsmann zur *anderen* Welt ist da.[326]

Zusammengefasst definiert Theaterwissenschaftler Friedemann Kreuder das *aldilà teatrale* als „darstellerisches Prinzip zum Zweck des künstlerischen Ausdrucks einer lebensmäßigen Skepsis gegenüber der unvermeidlichen Theaterhaftigkeit von Gesellschaften, aber auch der effektiven gesellschaftlichen Reichweite des schauspielerisch-künstlerischen Metiers."[327]

Betitelt McCaffrey die Filmwelt der Marx Brothers als Stage-Movieland, so verbirgt sich dahinter die Marx'sche Variation des *aldilà*. Jene seltsame Hybridwelt, in der sich Bühne und Leinwand verschränken und das Gesehene sich durch seine betonte Künstlichkeit stets als Präsentation statt Narration zu erkennen gibt. Ein Ort der Unmöglichkeit, aus dem die Marxens jedes Mal als Sieger hervorgehen. Nachdem sie die Spieler der anderen Mannschaft durch Bananenschalen zu Fall gebracht haben, ziehen die Marx Brothers etwa im Football-Finale von HORSE FEATHERS triumphierend in ihrer von zwei Pferden gezogenen Abfalltonne in die Endzone des gegnerischen Feldes ein und legen eine nicht enden wollende Anzahl an Footballs ab, bis die erwünschte Punktzahl erreicht ist. Das *aldilà* der Marxens ist eine Welt der Verkehrung: Statt Rationalität gehorcht alles dem Gesetz der Imagination, Nonsens tritt an die Stelle von Logik. In ANIMAL CRACKERS braucht Groucho nur einen seiner *non-sequitur*-Monologen halten, und jegliche Art von sinniger Wort-Verknüpfung fällt wie ein Kartenhaus zusammen:

> One morning, I shot an elephant in my pajamas. How he got in my pajamas, I don't know. Then we tried to remove the tusks [...] but they were embedded so firmly we couldn't budge them. Of course in Alabama, the Tuscaloosa. But that is entirely irrelephant to what I was talking about.

---

326   Kotte 2005, S. 88.
327   Kreuder 2009, S. 124.

In der Anderswelt der Marx Brothers wird nichts Geringeres als die Natur der Dinge selbst in Frage gestellt. Treffend formulierte Filmkritiker Norbert Jochum 1979 für den *Tagesspiegel*: „Einen Film der Marx Brothers richtig gesehen zu haben, heißt: In Zukunft misstrauisch sein, den Menschen, den Dingen, den Wörtern, vor allem aber den Beziehungen der Menschen zu Dingen und den Worten gegenüber."[328] Keine Erkenntnis darf in einem Marx-Brothers-Film mehr als gesichert gelten, nichts bedeutet mehr, was es einst aussagte, die Sprache hat ihre Funktion verloren. Harpo hat dies bereits begriffen und deswegen das Schweigen vorgezogen. Seine Körpersprache ist mit verbaler Logik längst nicht mehr zu schlagen. Als er in A NIGHT IN CASABLANCA gemütlich an der Ecke eines Gebäudes lehnt, wird er von einem Polizist angesprochen: „Say, what do you think you're doing? Holding up the building?" Harpo nickt unter frechem Grinsen mit dem Kopf. Erbost zehrt der Polizist Harpo auf die Straße, woraufhin das Gebäude, an dem Harpo lehnte, in sich zusammenstürzt. In HORSE FEATHERS wird Harpo von Groucho zurechtgewiesen: „You can't burn a candle on both ends." Harpo demonstriert, dass es er dies doch kann – indem er aus seinem Zaubermantel eine Kerze zieht, die tatsächlich zwei brennende Enden hat. Das *aldilà* der Marxens ist schließlich ein Ort der ständigen Wandlung: Groucho kann jederzeit aus der Erzählung heraustreten, nicht nur, um die Fiktion in Frage zu stellen, sondern auch den Rahmen ihrer Darstellung selbst. Als eine Artistin die gestohlenen 10.000 Dollar in AT THE CIRCUS in ihrem Ausschnitt verschwinden lässt, reagiert Groucho mit dem Kommentar zur Kamera: „There must be some way I can get that money back without getting in trouble with the Hays Office" und sorgte in den damaligen Kinovorstellungen für tobendes Gelächter.[329] Harpos Leib dagegen wird selbst zur Verkörperung von Transgression: In dem Tattoo einer Hundehütte auf seinem Bauch haust ein lebender Hund (DUCK SOUP), als er in GO WEST zwei Zugwaggons mit Armen und Beinen zusammenhalten muss, dehnen sich seine Glieder wie die einer Cartoonfigur.

Sein Leib ist eine Ganzkörpermaske, mit der er sich nicht nur mühelos in das Puppentheater aus MONKEY BUSINESS integriert, sondern sein direktes Umfeld in Theater verwandelt. Während die Schiffsoffiziere und

---

328   Zitiert in: Nolden 2002, 103.
329   Vgl. Adamson 1973, S. 361.

Harpo wie Kasperfiguren Prügel austauschen, bricht das Gelächter der zu-schauenden Kinder nicht ab. Sie können nicht unterscheiden zwischen Theaterdarbietung und realen Ereignissen, Mensch und lebloser Puppe. Die Grenze zwischen Spiel und Wirklichkeit, aktivem Darsteller und pas-sivem Zuschauer ist im *aldilà* der Marx Brothers aufgehoben. Wenn Har-po seine maskenhafte „Gookie"-Visage in MONKEY BUSINESS umdreht, ziert eine zweite Maske seinen Hinterkopf. Harpos Gesicht schaut in beide Richtungen, es kennt kein vorne oder hinten, Ende oder Anfang. Harpo trägt keine Maske, sondern ist mit ganzem Wesen selbst Maske, in der *al-dilà* und Diesseits zusammenfallen (siehe Abb. 23).

Abb.23: Harpos „Gookie"-Fratze wird Teil des Puppentheaters in MONKEY BUSINESS.
DVD-Screenshot.

Dieses Konzept von Anderswelt auf die Leinwand zu bringen und aus sei-ner Optik den Zuschauer auf die Brüchigkeit einer ideologisch vorbe-stimmten Welt- und Menschensicht aufmerksam zu machen, das ist die Reformulierung der Marx Brothers vom *aldilà teatrale* italienischer Co-mici für das 20. Jahrhundert.

5. Schlussbetrachtung

Die vorliegende Arbeit hat den Versuch unternommen, in den Filmen der Marx Brothers Bezüge zur Theaterform der Commedia dell'arte ausfindig zu machen. Wie die Analyse gezeigt hat, lassen sich bei den Marx Brothers nicht nur in Hinblick auf die Form, sondern auch auf die Funktion tatsächlich deutliche Traditionsbezüge zur Commedia aufweisen. Die Marx Brothers transponieren die Figurentypen der Commedia erfolgreich ins 20. Jahrhundert: Der Dottore als „quasselnder Businessman mit Brille und Zigarre", Brighella als „italienischer Immigrant", der trickreich „um seinen amerikanischen Traum von Erfolg kämpft" und Arlecchino als „Tramp" und „rastloser Satyr unter Wolkenkratzern".[330] Im Spannungsfeld zwischen ihrem wilden Stegreifspiel im Vaudeville und der inszenierten Improvisation auf der Leinwand spiegelt sich im Auftritt der Marx Brothers das *all'improvviso*-Spiel der italienischen Comici wider, das sich in ähnlicher Weise zwischen freispielenden Komödianten auf dem Marktplatz und elaborierten Stücken namhafter Commedia-Truppen am Hofe bewegte. Die lose Handlung, die sich meist aus der Interaktion der festen Figurentypen ergab, diente sowohl in den Marx-Brothers-Filmen als auch bei den Aufführungen der Commedia als Aufhänger für die Darsteller, ihr schauspielerisches Talent im Vorführen ihrer vorher einstudierten Comedy-Routinen, Reden und komischen Aktionen (*lazzi*) vor dem Zuschauer unter Beweis zu stellen. Ähnlich den italienischen Comici nahmen die Marx Brothers schließlich in der Rolle der Außenseiter durch ihre geistreichen Späße Kritik an der bestehenden Ordnung, führten sie mit der Dekonstruktion von Sinnzusammenhängen in ihrer verbalen Komik ad absurdum und entwarfen in ihrem körperbetonten, anarchistischen Spiel schließlich so etwas wie eine alternative, eskapistische Wunschfantasie. Dahinter steckt der Geist des American Vaudevilles. Aus einer

---

330 Vgl. Köppl 2002, S. 461. Zu beachten ist, dass Köppl im Gegensatz zu der vorliegenden Arbeit von einem vertauschten Verständnis der Masken von Arlecchino und Brighella auszugehen scheint.

Immigranten-Familien stammend, kämpften die Marx Brothers um ihren Platz in der amerikanischen Gesellschaft.[331]

Anders jedoch als die zeitgenössischen Bestrebungen der Theateravantgarde des 20. Jahrhunderts, die versuchten, die Commedia dell'arte wieder aufleben zu lassen, vollzog sich der Bezug zu dieser Theatertradition bei den Marx Brothers völlig unbewusst. Unter der reichhaltigen Sammlung an (Auto-)Biographien, Artikeln, Monographien und Beiträgen von den und über die Marx Brothers finden sich keine Aussagen, in denen die Brüder selbst einen direkten Bezug zur Commedia dell'arte herstellen. Es ist davon auszugehen, dass sie von dieser Theaterform so gut wie nichts gewusst haben. Dennoch ist ihre Ähnlichkeit zur Commedia, die in dieser Arbeit nachgewiesen wurde, verblüffend. Wie ist das zu erklären? Eine Antwort findet sich möglicherweise in jener Art von komischem Spiel, die den Filmen der Marx Brothers wie auch den Aufführungen der italienischen Comici zugrunde liegt. Es ist eine Tradition in der darstellenden Kunst, welche aufgrund ihrer Vielgestaltigkeit schwer zu definieren ist und deshalb in der Forschung eher als Randerscheinung wahrgenommen wurde. In ihr verbinden sich die Marx-Brothers-Filme sowie die Commedia dell'arte mit anderen Phänomenen der Kulturgeschichte, etwa den mittelalterlichen Vaganten, den europäischen Volksbühnen des 18. Jahrhunderts sowie jegliche andere Form von ›Theater‹, dem American Vaudeville, der Varieté- und Jahrmarktsunterhaltung, dem frühen „Attraktions-Kino" oder der *comedian comedy*. Diese Tradition lässt sich allgemein umschreiben als Komödie der Komödianten, oder besser: Komödie der Fertigkeiten – in Anlehnung einer wörtlichen Übersetzung der Commedia dell'arte. In dieser Komödie der Fertigkeiten steht das Talent des Komödianten im Mittelpunkt der Darbietung, welches er zu seinem Beruf gemacht hat. In der professionellen Ausübung seiner Tätigkeit hat er eine größere Nähe zum Handwerker als zum freischaffenden Künstler. Der Komödiant bietet sein Können als Dienstleistung an; sein Metier ist die Kunstfertigkeit, nicht die Kunst. Er ist ein Mechaniker der Emotionen, alles, was er tut, hat die direkte Stimulation des Zuschauers zum Ziel. Die ökonomischen Herausforderungen seiner berufsmäßigen Schauspielkunst, sein unstetes Leben sowie die totale Abhängigkeit vom Publikum – seinen Kun-

---

331   Vgl. Gardner 2009, S. 178 f.

den – haben ihn dazu gebracht, sein „Produkt" zu optimieren und den Anforderungen des Marktes anzupassen. Seine persönliche Note wird
schließlich zum Alleinstellungsmerkmal, um sich von der Konkurrenz abzuheben – Er entwickelt eine individuelle, unveränderliche Persönlichkeit.
Er nimmt also nicht die Funktion eines psychologisch motivierten, „natürlichen" Charakters ein, der sich dem aristotelischen Primat der Handlung
unterordnen muss, sondern die des Schaustellers und tritt so in direkte
Kommunikation mit seinem Zuschauer. Die Komödie der Fertigkeiten
steht den Normierungsversuchen einer realistisch-naturalistischen Kunst-
bewegung entgegen. Sie will nicht erziehen oder aufzeigen, nichts aussagen, abbilden oder kommentieren, sondern nur unterhalten. Infolgedessen
wurde sie in Konfrontation mit dieser zweiten Kunstform als potenziell
subversive Gegentendenz eingestuft und dem Versuch unterworfen, ein-
verleibt zu werden. In der Theatergeschichte hat Rudolf Münz dieses anti-
illusionäre Spielprinzip anhand von Einzelbeobachtungen verfolgt und unter dem vagen Begriff des „anderen" Theaters zusammengefasst. Da ihm
in Ermangelung einer geeigneten Begriffsmäßigkeit die Grundlage fehlte,
diesen komplexen Gegenstand zu beschrieben, hat er ihn zunächst darüber
definiert, was er nicht ist, also seiner „Andersartigkeit". Stefan Hulfeld
reformuliert Münz' Konzept des „anderen" Theaters folgendermaßen:

> Das «eine» Theater ist das dramaturgisch regelmäßige, welches seine Abbildfunk-
> tion mit sozialpädagogischen Absichten legitimiert, indem es das charakteristische
> Individuum zu einem harmonischen Welt- und Gesellschaftsbezug anzuleiten ver-
> spricht. Das «andere» jenes fantastische Maskentheater, das Welten generiert, die
> in einem ambivalenten, kaum in Worte zu fassenden Verhältnis zum Diesseits ste-
> hen, und das dabei soziale Fantasie freisetzt, indem es den Eintritt in das goldene
> Zeitalter imaginiert.[332]

Wie sich bei den Marx Brothers als auch den Comici gezeigt hat, kommt
bei dieser „anderen" Spieltradition der Maske eine Schlüsselposition zu.
In der Komödie der Fertigkeiten liegt die Tendenz, im bunten Spiel der
Masken die falschen Masken der Gesellschaft zu entlarven und der Wirklichkeit eine fantastische Anderswelt entgegen zu setzen. Dabei führt sie
in Konfrontation mit dem Kunstbetrieb die Maske auf ihren magischen,
ordnungszersetzenden Ursprung zurück. Wenn also die Marx Brothers in
A NIGHT AT THE OPERA dem selbstgefälligen Lassparri, der im Kostüm

---

332   Hulfeld 2007b, S. 322.

des Bajazzo steckt, der Oper-Stilisierung der Zanni-Maske des Pagliaccio, die übergroßen Knöpfe von seinem lächerlichen Outfit abreißen (siehe Abb. 24), so ist das die direkte Visualisierung von Rudolf Münz' Beurteilung der Maskenschauspieler der Commedia:

> Sie widersetzten sich der Tendenz, Kunst-Theater zu sein, blieben auf der Position von ›Theater‹, nahmen dabei den Zuschauer/Teilnehmer mit, um sich gemeinsam von den Übeln des »Theaters« (des Lebens) zu bewahren.[333]

Abb. 24: Groucho und Harpo ärgern den wichtigtuerischen Bajazzo in A NIGHT AT THE OPERA. DVD-Screenshot.

Diese grobe Annäherung demonstriert, wie schwierig es ist, die hier nur unzureichend als „Komödie der Fertigkeiten" titulierte Spielart festzumachen. Eine umfassende, historische Betrachtung dieser Tradition steht noch aus, ist aufgrund ihrer mangelnden literarischen Fixierung allerdings

---

333   Münz 1989, S. 287.

schwierig. Stattdessen empfiehlt es sich, sich den konkreten Ausformungen dieser facettenreichen Tradition zu widmen und im Vergleich der Einzelbeispiele bestimmte Gemeinsamkeiten auszumachen, die Schlüsse zulassen auf das dahinterliegende Spielprinzip, wie es auch in der vorliegenden Untersuchung zu den Ähnlichkeiten der Filme der Marx Brothers mit der Commedia dell'arte der Fall war.

6. Literaturverzeichnis

Acre, Hector (1979): *Groucho.* New York: Perigee Books.

Adamson, Joe (1973): *Groucho, Harpo, Chico, and sometimes Zeppo: a History of the Marx Brothers and a Satire on the Rest of the World.* New York: Simon and Schuster.

Agee, James (2000): *Agee on Film. Criticism and Comment on the Movies.* New York: Modern Library.

Allen, Robert C. (1980): *Vaudeville and film 1895-1915.A study in media interaction.* New York.

Andrews, Richard (1993): *Scripts and Scenarios. The Performance of Comedy in Renaissance Italy.* Cambridge: Cambridge University Press.

Andrews, Richard [Hrsg.] (2008): *The Commedia dell'arte of Flaminio Scala. A Translation and Analysis of 30 Scenarios.* Lanham/Plymouth/Toronto: The Scarecrow Press.

Artaud, Antonin (1969): *Das Theater und sein Double.* Frankfurt am Main: Fischer.

Bachtin, Michail (1995): *Rabelais und seine Welt. Volkskultur als Gegenkultur.* Frankfurt am Main: Suhrkamp.

Barson, Michael (1993): *Flywheel, Shyster & Flywheel. Die Marx Brothers Radio Show.* Hamburg: Rogner & Bernhard bei Zweitausendeins.

Baumbach, Gerda (2012): *Schauspieler. Historische Anthropologie des Akteurs. Band 1: Schauspielstile.* Leipzig: Leipziger Universitätsverlag.

Bayer, William (1978): *The Great Movies.* London [u.a.]: Ridge Press/Grosset & Dunlap, Inc.

Bazin, André (2004): *Was ist Film?* Berlin: Alexander Verlag.

Beckett, Samuel (1982): *Waiting for Godot. A tragicomedy in 2 acts.* New York: Grove Weidenfeld.

Benchley, Robert (1970): *Benchley Lost and Found. 39 prodigal pieces.* London: Constable.

Bergson, Henri (1991): *Das Lachen: ein Essay über die Bedeutung des Komischen.* Darmstadt: Luchterhand.

Bordwell, David/Staiger, Janet/Thompson, Kristin (1985): *The Classical Hollywood Cinema: Film Style and Mode of Production to 1960.* New York: Columbia Press.

Butsch, Richard (2000): *The Making of American Audiences. From Stage to Television, 1750-1990*. Cambridge: Cambridge University Press.

Brandlmeier, Thomas (1983): *Filmkomiker: die Errettung des Grotesken*. Frankfurt am Main: Fischer-Taschenbuch-Verlag.

Castiglione, Baldassare (1996): *Der Hofmann. Lebensart in der Renaissance. Aus dem Ital. Von Albert Wesselski. Mit einem Vorwort von Andreas Beyer*. Berlin: Verlag Klaus Wagenbach.

Chandler, Charlotte (2007): *Hello, I Must Be Going: Groucho and His Friends*. New York: Simon & Schuster.

Charney, Maurice (2007): *The Comic World of the Marx Brothers' Movies: "Anything Further Father?"*. Madison: Fairleigh Dickinson University Press.

Dale, Alan (2000): *Comedy is Man in Trouble: Slapstick in American movies*. Minneapolis: Minnesota University Press.

Davis, Serena (2007): *Harpo and Dalí: a surreal double act*. In: The Telegraph. 26. Mai 2007. URL-Link: http://www.telegraph.co.uk/culture/art/3665391/Harpo-and-Dali-a-surreal-double-act.html (Letzter Zugriff: 21.12.2018).

Driesen, Otto (1904): *Der Ursprung des Harlekin. Ein kulturgeschichtliches Problem*. Berlin: Alexander Duncker.

Dshiwelegow, A. K. (1958): *Commedia dell'arte. Die italienische Volkskomödi*e. Berlin: Henschelverlag.

Durgnat, Raymond (1972): *The Crazy Mirror. Hollywood Comedy and the American Image*. New York: Dell Publishing Co.

Durgnat, Raymond (1966): *The Marx Brothers*. Wien: Österreichisches Filmmuseum.

Dyer, Richard (1992): *Stars*. Reprint. London: British Film Institute.

Elias, Norbert (1991): *Über den Prozeß der Zivilisation: soziogenetische und psychogenetische Untersuchungen*. Zwei Bände. Frankfurt am Main: Suhrkamp.

Epstein, Joseph (2008): *Fred Astaire*. New Haven/London: Yale University Press.

Epstein, Lawrence J. (2004): *Mixed Nuts. America's Love Affair with Comedy Teams. From Burns and Allen to Belushi and Aykroyd*. New York: Public Affairs.

Esrig, David (1985): *Commedia dell'arte. Eine Bildgeschichte der Kunst des Spektakels*. Nördlingen: Delphi.

Esslin, Martin (1985): *Das Theater des Absurden. Von Beckett bis Pinter.* Hamburg: Rowohlt.

Eyles, Allen (1973): *The Marx Brothers. Their World of Comedy.* New York: Warner Paperback Library.

Fields, W.C. (1973): *W.C. Fields by Himself: His Intended Autobiography. Commentary by Ronald J. Fields.* Englewood Cliffs: Prentice-Hall, Inc.

Fisher, James (1992): *The Theatre of Yesterday and Tomorrow: Commedia dell'arte on the Modern Stage.* Lewiston/Queenston/Lampeter: The Edwin Mellen Press.

Flamini, Roland (1994): *Thalberg. The Last Tycoon and the World of M-G-M.* London: André Deutsch.

Fo, Dario (1989): *Kleines Handbuch des Schauspielers.* Frankfurt am Main: Verlag der Autoren.

Gardner, Martin A. (2009): *The Marx Brothers as Social Critics: Satire and Comic Nihilism in Their Films.* Jefferson, NC [u.a.]: McFarland.

Gehring, Wes D. (2007): *Film Clowns of the Depression: Twelve Defining Comic performances.* Jefferson, NC [u.a.]: McFarland.

Gehring, Wes D. (2005): *Leo McCarey. From Marx to McCarthy.* Lanham/Toronto/Oxford: The Scarecrow Press.

Gehring, Wes D. (1987): *The Marx Brothers. A Bio-Bibliography.* New York [u.a.]: Greenwood Press.

Giddins, Gary (2000): *There Ain't No Sanity Claus. The Marx Brothers were grown-ups pretending to be children pretending to be grown-ups.* In: New York Times. 18. Juni 2000.

Goldblatt, Burt/Zimmerman, Paul D. (1970): *The Marx Brothers at the Movies.* New York: New American Library.

Gordon, Mel (1983): *Lazzi. The Comic Routines of the Commedia dell'Arte.* New York: Performing Arts Journal Publications.

Green, Martin/Swan, John (1993): *The Triumph of Pierrot: The Commedia dell'Arte and the Modern Imagination.* Pennsylvania: The Pennsylvania State University Press.

Gunning, Tom (1990): *The Cinema of Attractions. Early Film, Its Spectator and the Avant-Garde.* In: Thomas Elsaesser (Hrsg.): *Early Cinema: space, frame, narrative.* London: BFI Publ. S. 56-62.

Hansen, Günther (1984): *Formen der Commedia dell'Arte in Deutschland.* Emsdetten: Verlag Lechte.

Heck, Thomas (1989): *The Musical Iconography of the Commedia dell'Arte: an Overview.* In: Cairns, Christopher [Hrsg.] (1989): *The Commedia dell'Arte. From the Renaissance to Dario Fo.* Lewiston/Queenston/Lampeter: The Edwin Mellen Press. S. 227-242.

Heller, Heinz-Bernd/Steinle, Matthias [Hrsg.] (2005): *Filmgenres. Komödie.* Stuttgart: Reclam.

Hoppe, Ulrich (1985): *Die Marx Brothers. Ihre Filme – ihr Leben.* München: Wilhelm Heyne Verlag.

Hulfeld, Stefan (2007a): *Paris 1697/1716 – Neue Szenen des alten „Théâtre Italien".* In: Kotte, Andreas/Kreuder, Friedemann/Hulfeld, Stefan (Hrsg.) (2007): *Theaterhistoriographie. Kontinuitäten und Brüche in Diskurs und Praxis.* Tübingen: Francke Verlag. S. 89-114.

Hulfeld, Stefan (2007b): *Theatergeschichtsschreibung als kulturelle Praxis. Wie Wissen über Theater entsteht.* Zürich: Chronos Verlag.

Ionesco, Eugène (1964): *Argumente und Argumente. Schriften zum Theater.* Neuwied/Berlin: Luchterhand.

Jenkins, Henry (1992): *What made Pistachio Nuts? Early Sound Comedy and the Vaudeville Aesthetic.* New York: Columbia University Press.

Johnstone, Keith (2008): *Improvisation und Theater.* Berlin: Alexander Verlag.

Kanfer, Stefan (2000): *Groucho. The Life and Times of Julius Henry Marx.* London: Penguin Books.

Karnick, Kristine Brunovska/Jenkins, Henry [Hrsg.] (1995): *Classical Hollywood Comedy.* New York/London: Routledge.

Keesey, Douglas/Duncan, Paul [Hrsg.] (2007): *Marx Bros. (Movie Icons).* Hong Kong [u.a.]: Taschen.

King, Geoff (2002): *Film Comedy.* London/New York: Wallflower Press.

Kotte, Andreas (2013): *Theatergeschichte. Eine Einführung.* Köln/Weimar/Wien: Böhlau Verlag.

Kotte, Andreas (2005): *Theaterwissenschaft. Eine Einführung.* Köln/Weimar/Wien: Böhlau Verlag.

Köppl, Rainer M. (2002): *Commedia dell'Arte in Hollywood: Die Marx Brothers hänseln den Bajazzo.* In: Marschall, Brigitte (2002): *Theater am Hof und für das Volk: Beiträge zur vergleichenden Theater- und Kulturgeschichte; Festschrift für Otto G. Schindler zum 60. Geburtstag.* Wien etc: Böhlau.

Kracauer, Siegfried (1993): *Theorie des Films: die Errettung der äußeren Wirklichkeit.* Frankfurt am Main: Suhrkamp.

Krengel-Strudthoff, Ingeborg (1969): *Die Commedia dell'arte in Europa. Versuch einer Übersicht über ihre neuere Forschung.* In: Theile, Wolfgang (1997): *Commedia dell'arte. Geschichte – Theorie – Praxis.* Wiesbaden: Harrassowitz Verlag.

Kreuder, Friedemann (2009): *Aldilà teatrale – Hamlet und die andere Welt.* In: Ders./Bachmann, Michael [Hrsg.] (2009): *Politik mit dem Körper. Performative Praktiken in Theater, Medien und Alltagskultur seit 1968.* Bielefeld: transcript Verlag. S. 123-137.

Kreuder, Friedemann (2005): *Maske/Maskerade.* In: Fischer-Lichte, Erika/Kolesch, Doris/Warstat, Matthias [Hrsg.] (2005): *Metzler Lexikon Theatertheorie.* Stuttgart: Metzler. S. 192-194.

Krömer, Wolfram (1990): *Die italienische Commedia dell'arte.* Darmstadt: Wissenschaftliche Buchgesellschaft.

Krutnik, Frank (1995): *A Spanner in the Works? Genre, Narrative and the Hollywood Comedian.* In: Karnick, Kristine Brunovska/Jenkins, Henry [Hrsg.] (1995): *Classical Hollywood Comedy.* New York/London: Routledge. S. 17-38.

Krutnik, Frank/Neale, Steve (1995): *Popular Film and Television Comedy.* London/New York: Routledge.

Laurie Jr., Joe (1953): *Vaudeville: From the Honky-Tonks to the Palace.* New York: Henry Holt and Company.

Lawner, Lynne (1998): *Harlequin on the Moon. Commedia dell'Arte and the Visual Arts.* New York: Harry N. Abrams, Inc.

LeMaster, David James (1995): *Charlie Chaplin and Harpo Marx as Masks of the Commedia dell'Arte: Theory and Practice.* Texas Tech University, Ph.D. thesis.

Lewis, Robert M. [Hrsg.] (2003): *From Traveling Show to Vaudeville: Theatrical Spectacle in America, 1830 – 1910.* Baltimore: Johns Hopkins Univ. Press.

Louvish, Simon (1999): *Monkey Business. The Lives and Legends of the Marx Brothers.* London: Faber and Faber.

Madden, David (1968): *Harlequin's stick, Charlie's Can.* In: Film Quarterly, Vol. 22, Nr. 1. S. 10-26.

Marx, Arthur (1973): *Son of Groucho.* London: Peter Owen.

Marx, Groucho (2009): *Groucho and Me: The Autobiography.* London: Virgin Books.

Marx, Groucho (1997): *The Groucho Letters.* London: Abacus.

Marx, Groucho (1976): *The Grouchophile. An Illustrated Life.* Indianapolis/New York: Bobbs-Merrill.

Marx, Groucho/Anobile, Richard J. (1989): *The Marx Bros. Scrapbook.* New York: Harper & Row.

Marx, Harpo/Barber, Rowland (1989): *Harpo Speaks!* London: Virgin Books.

Marx, Maxine (1980): *Growing Up With Chico.* Englewood Cliffs: Prentice-Hall, Inc.

Mast, Gerald (1979): *The Comic Mind. Comedy and the Movies.* Chicago: University of Chicago Press.

McCaffrey, Donald W. (1973): *The Golden Age of Sound Comedy. Comic Films and Comedians of the Thirties.* London: The Tantivy Press.

Meade, Marion (1995): *Buster Keaton. Cut to the Chase.* New York: HarperCollins.

Mehnert, Henning (2003): *Commedia dell'arte.* Stuttgart: Reclam.

Meyerhold, Wsewolod E. (1979): *Schriften. Aufsätze, Briefe, Reden, Gespräche. Erster Band 1891-1917.* Berlin: Henschelverlag.

Mills, Joseph [Hrsg.] (2007): *A Century of the Marx.* Newcastle: Cambridge Scholars Publ.

Mitchell, Glenn (2011): *The Marx Brothers Encyclopedia.* London: Titan Books.

Münz, Rudolf (1979): *Das »andere« Theater. Studien über ein deutschsprachiges teatro dell'arte der Lessingzeit.* Berlin: Henschelverlag Kunst und Gesellschaft.

Münz, Rudolf (1998): *Theatralität und Theater. Zur Histiographie von Theatralitätsgefügen.* Berlin: Schwarzkopf & Schwarzkopf Verlag.

Naremore, James (1988): *Acting in the Cinema.* Berkeley [u.a.]: University of California Press.

Nastvogel, Kurt-Uwe/Schatzdorfer, Gerhard (1982): *Der komische Film. Daten. Enzyklopädie des populären Films. Regisseure, Stars, Autoren, Themen, Spezialisten von A-Z.* Schondorf am Ammersee: Roloff & Seeßlen.

Nicoll, Allardyce (1931): *Masks, Mimes and Miracles: Studies in Popular Theatre.* London/Bombay/Sydney: Harrap.

Nicoll, Allardyce (1963): *The World of Harlequin. A Critical Study of the Commedia dell'Arte.* Cambridge: Cambridge University Press.

Nolden, Rainer (2002): *Die Marx Brothers.* München: Rowohlt Taschenbuch Verlag.

Nowak, Anneliese (1991): *Die amerikanische Filmfarce.* München: TR-Verlagsunion.

Oreglia, Giacomo (1982): *The Commedia dell'Arte.* New York: Octagon Books.

Pearsall, Judy [Hrsg.] (2002): *The Concise Oxford English Dictionary. Tenth Edition, revised.* Oxford: Oxford University Press.

Radin, Paul (1988): *The Trickster. A Study in American Indian Mythology.* New York: Schocken Books.

Ramm-Bonwitt, Ingrid (1997): *Die komische Tragödie. Bd. 1. Commedia dell'arte.* Frankfurt am Main: Nold.

Riccoboni, Luigi (1969): *Histoire du Théâtre Italien depuis la décadence de la Comédie latine, avec un catalogue des tragédies et comédies imprimées depuis l'an 1500 jusqu'à l'an 1600 et une dissertation sur le tragédie moderne.* Bologna: Forni.

Rhode, Eric (1976): *A History of the Cinema: From Its Origins to 1970.* New York: Hill & Wang.

Richards, Kenneth /Richards, Laura (1990): *The Commedia dell'Arte. A documentary History.* Oxford: Basil Blackwell Ltd.

Richter, Joachim (1989): *Über das Lachen.* In: Ders. (1989): *Subjektivität. Sechs Aufsätze.* Frankfurt am Main: Suhrkamp Verlag.

Rowland, Richard (1947): *American Classic.* In: Hollywood Quarterly, Vol. 2, Nr. 3. S. 264-69.

Roth, Lillian (1954): *I'll Cry Tomorrow.* New York: Frederick Fell.

Rudlin, John (1994): *Commedia dell'Arte. An Actor's Handbook.* London/New York: Routledge.

Scala, Flaminio/Salerno, Henry F. [Übers.] (1992): *Scenarios of the commedia dell'arte: Flaminio Scala's Il teatro delle favole rappresentative.* New York: Limelight Ed.

Schneider, Herbert [Hrsg.] (1996): *Das Vaudeville. Funktionen eines multimedialen Phänomens.* Hildesheim/Zürich/New York: Georg Olms Verlag.

Schöne, Günter (1959): *Die Commedia dell'arte-Bilder auf Burg Trausnitz in Bayern.* In: Theile, Wolfgang (1997): *Commedia dell'arte. Geschichte – Theorie – Praxis.* Wiesbaden: Harrassowitz Verlag. S. 106-112.

Schulte, Michael (1990): *Warum haben Sie nicht das Pferd geheiratet? Groucho Marx – Sein Leben.* München/Zürich: Piper.

Seeßlen, Georg (1982): *Klassiker der Filmkomik, Geschichte und Mythologie des komischen Films.* Reinbeck bei Hamburg: Rowohlt.

Seidman, Steve (1981): *Comedian Comedy. A Tradition in Hollywood Film.* Ann Arbor: UMI Research Press.

Spörri, Reinhart (1977): *Die Commedia dell'arte und ihre Figuren.* Wädenswil: Stutz + Co.

Springhall. John (2008): *The Genesis of Mass Culture: Show Business Live in America, 1840 to 1940.* New York: Palgrave Macmillan.

Stables, Kate (1992): *The Marx Brothers.* Leicester: Magna Books

Stein, Charles W. [Hrsg.] (1984): *American Vaudeville: As Seen by Its Contemporaries.* New York, NY : Alfred A. Knopf.

Theile, Wolfgang (1980): *Commedia dell'arte. Stegreiftheater in Italien und Frankreich.* In: Ders. (1997): *Commedia dell'arte. Geschichte – Theorie – Praxis.* Wiesbaden: Harrassowitz Verlag. S. 45-60.

Uhlin, Mikael (2013): *Humor Risk.* URL-Link: http://www.marx-brothers.org/marxology/humorisk.htm (Letzter Zugriff: 21.12.2018).

Uraneff, Vadim (1923): *Commedia dell'arte and the American Vaudeville.* In: Theatre Arts Magazine 7, Nr. 4.

von Beyme, Klaus (2005): *Das Zeitalter der Avantgarden. Kunst und Gesellschaft 1905-1955.* München: C.H. Beck.

Weales, Gerald (1985): *Canned Goods as Caviar. American Film Comedy of the 1930s.* Chicago/London: The University of Chigaco Press

Wertheim, Arthur Frank (2006): *Vaudeville Wars. How the Keith-Albee and Orpheum Circuits Controlled the Big-Time and Its Performers.* New York: Palgrave MacMillan.

Wilcox, Dean (2007): *Surrealistic Heroes: The Marx Brothers and the European Avant-Garde.* In: Mills, Joseph [Hrsg.] (2007): *A century of the Marx.* Newcastle: Cambridge Scholars Publ. S. 41-52.

Willett, John (1960): *The Theatre of Bertolt Brecht. A study from eight aspects.* Zweite Edition. London: Methuen & Co.

Woollcott, Alexander (1946): *The Portable Woollcott. Selected by Joseph Hennessey. With an Introduction by John Mason Brown.* New York: The Viking Press.

7. Filmverzeichnis

Zentrale Analyseobjekte (in chronologischer Reihenfolge)

THE COCOANUTS (USA 1929)
Regie: Robert Florey, Joseph Santley. **Drehbuch**: George S. Kaufman, Morrie Ryskind. **Produktion**: Monta Bell, James R. Cowan, Jesse L. Lasky, Walter Wanger, Adolph Zukor. **Kamera**: George J. Folsey, J. Roy Hunt. **Darsteller**: Groucho Marx (Mr. Hammer), Chico Marx (Chico), Harpo Marx (Harpo), Zeppo Marx (Jamison), Margaret Dumont (Mrs. Potter), Oscar Shaw (Robert Adams), Mary Eaton (Polly Potter), Hal Skelly (Skid Johnson), Kay Francis (Penelope). **DVD**: Universal Pictures, UK 2006.

ANIMAL CRACKERS (USA 1930)
Regie: Victor Heerman. **Drehbuch**: Morrie Ryskind, George S. Kaufman, Bert Kalmar, Harry Ruby. **Produktion**: keine Angabe. **Kamera**: George J. Folsey. **Darsteller**: Groucho Marx (Captain Jeffrey Spaulding), Chico Marx (Signor Emanuel Ravelli), Harpo Marx (The Professor), Zeppo Marx (Horatio Jamison), Margaret Dumont (Mrs. Rittenhouse), John Parker (Hal Thompson), Lillian Roth (Arabella Rittenhouse), Louis Sorin (Roscoe W. Chandler). **DVD**: Universal Pictures, UK 2006.

MONKEY BUSINESS (DIE MARX BROTHERS AUF SEE, USA 1931)
Regie: Norman Z. McLeod. **Drehbuch**: S.J. Perelman, Will B. Jonstone, Arthur Sheekman. **Produktion**: Herman J. Mankiewicz. **Kamera**: Arthur L. Todd. **Darsteller**: Groucho Marx (Groucho), Chico Marx (Chico), Harpo Marx (Harpo), Zeppo Marx (Zeppo), Thelma Todd (Lucille Briggs), Ruth Hall (Mary Helton), Harry Woods (Alky Briggs), Rockliffe Fellowes (Joe Helton) **DVD**: Universal Pictures, UK 2006.

HORSE FEATHERS (BLÜHENDER BLÖDSINN, USA 1932)
Regie: Norman Z. McLeod. **Drehbuch**: Bert Kalmar, Harry Ruby, S.J. Perelman, Will B. Jonstone. **Produktion**: Herman J. Mankiewicz. **Kamera**: Ray June. **Darsteller**: Groucho Marx (Professor Quincy Adams Wagstaff), Chico Marx (Baravelli), Harpo Marx (Pinky), Zeppo Marx (Frank

Wagstaff), Thelma Todd (Connie Bailey), David Landau (Jennings). **DVD**: Universal Pictures, UK 2006.

DUCK SOUP (DIE MARX BROTHERS IM KRIEG, USA 1933)
Regie: Leo McCarey. **Drehbuch**: Bert Kalmar, Harry Ruby, Arthur Sheekman, Nat Perrin. **Produktion**: Herman J. Mankiewicz. **Kamera**: Henry Sharp. **Darsteller**: Groucho Marx (Rufus T. Firefly), Chico Marx (Chicolini), Harpo Marx (Pinky), Zeppo Marx (Bob Roland), Margaret Dumont (Mrs. Teasdale), Louis Calhern (Trentino), Raquel Torres (Vera Marcal), Edgar Kennedy (Street Vendor). **DVD**: Universal Pictures, UK 2006.

A NIGHT AT THE OPERA (DIE MARX BROTHERS IN DER OPER, USA 1935)
Regie: Sam Wood. **Drehbuch**: George S. Kaufman, Morrie Ryskind, James Kevin McGuinness (Story). **Produktion**: Irving Thalberg. **Kamera**: Merrit B. Gerstad. **Darsteller**: Groucho Marx (Otis B. Driftwood), Chico Marx (Fiorello), Harpo Marx (Tomasso), Margaret Dumont (Mrs. Claypool), Allan Jones (Ricardo), Kitty Carlisle (Rosa), Walter Woolf King (Lassparri), Sig Ruman (Gottlieb). **DVD**: Warner Home Entertainment, D 2004.

A DAY AT THE RACES (DAS GROSSE RENNEN, USA 1937)
Regie: Sam Wood. **Drehbuch**: Robert Pirosh, George Seaton, George Oppenheimer. **Produktion**: Max Siegel, Sam Wood, Lawrence Weingarten, Irving Thalberg. **Kamera**: Joseph Ruttenberg. **Darsteller**: Groucho Marx (Dr. Hugo Z. Hackenbush), Chico Marx (Tony), Harpo Marx (Stuffy), Margaret Dumont (Mrs. Upjohn), Allan Jones (Gil), Maureen O'Sullivan (Judy), Leonard Ceeley (Whitemore), Esther Muir (Flo), Sig Ruman (Dr. Leopold X. Steinberg). **DVD**: Warner Home Entertainment, D 2004.

AT THE CIRCUS (DIE MARX BROTHERS IM ZIRKUS, USA 1939)
Regie: Edward Buzzell. **Drehbuch**: Irving Brecher. **Produktion**: Mervyn LeRoy. **Kamera**: Leonard Smith. **Darsteller**: Groucho Marx (J. Cheever Loophole), Chico Marx (Antonio Pirelli), Harpo Marx (Punchy), Margaret Dumont (Mrs. Dukesbury), Kenny Baker (Jeff Wilson), Florence Rice (Julie Randall), James Burke (John Carter), Eve Arden (Peerless Pauline). **DVD**: Warner Home Entertainment, D 2004.

GO WEST (USA 1940)
Regie: Edward Buzzell. **Drehbuch**: Irving Brecher. **Produktion**: Jack Cummings. **Kamera**: Leonard Smith. **Darsteller**: Groucho Marx (S. Quentin Quale), Chico Marx (Joe Panello), Harpo Marx (Rusty Panello), John Carroll (Terry Turner), Diana Lewis (Eve Wilson), Walter Woolf King (John Beecher), Robert Barrat (Red Baxter), June MacCloy (Lulubelle). **DVD**: Warner Home Entertainment, D 2004.

THE BIG STORE (DIE MARX BROTHERS IM KAUFHAUS, USA 1941)
Regie: Charles Reisner. **Drehbuch**: Nat Perrin (Story), Sid Kuller, Hal Fimberg, Ray Golden. **Produktion**: Louis K. Sidney. **Kamera**: Charles Lawton Jr. **Darsteller**: Groucho Marx (Wolf J. Flywheel), Chico Marx (Ravelli), Harpo Marx (Wacky), Margaret Dumont (Martha Phelps), Tony Martin (Tommy Rogers), Virginia Grey (Joan Sutton), Douglass Dumbrille (Mr. Grover). **DVD**: Warner Home Entertainment, D 2004.

A NIGHT IN CASABLANCA (EINE NACHT IN CASABLANCA, USA 1946)
Regie: Archie Mayo. **Drehbuch**: Joseph Fields, Roland Kibbee. **Produktion**: David L. Loew. **Kamera**: James Van Tress. **Darsteller**: Groucho Marx (Ronald Kornblow), Chico Marx (Corbaccio), Harpo Marx (Rusty), Charles Drake (Lt. Pierre Delmar), Lois Collier (Annette), Sig Ruman (Count Pfferman), Lisette Verea (Beatrice Reiner). **DVD**: Lighthouse Home Entertainment, D 2010.

LOVE HAPPY (DIE MARX BROTHERS IM THEATER, USA 1949)
Regie: David Miller. **Drehbuch**: Harpo Marx (Story), Frank Tashlin, Mac Benoff. **Produktion**: Lester Cowan, Mary Pickford. **Kamera**: William C. Mellor. **Darsteller**: Groucho Marx (Detective Sam Grunion), Chico Marx (Faustino the Great), Harpo Marx (Harpo), Ilona Massey (Madame Egelichi), Vera-Ellen (Maggie Phillips), Marilyn Monroe (Grunion's Client). **DVD**: Universal Pictures, UK 2006.

Erwähnte Filme und TV-Serien (in alphabetischer Reihenfolge):

A GIRL IN EVERY PORT (USA 1952), R: Chester Erskine
ALL IN THE FAMILY (USA 1971-1979), CBS
ANIMANIACS (USA 1993-1998), Fox Kids/The WB
BRAZIL (USA 1985), R: Terry Gilliam
CASABLANCA (USA 1942), R: Michael Curtiz
COPACABANA (USA 1947), R: Alfred E. Green
DO DETECTIVES THINK? (USA 1927), R: Fred Guiol
DOUBLE DYNAMITE (DOPPELTES DYNAMIT, USA 1951), R: Irving Cummings
EVERYONE SAYS I LOVE YOU (ALLE SAGEN: I LOVE YOU, USA 1996), R: Woody Allen. DVD: VCL Film + Medien AG, D 1998
HANNAH AND HER SISTERS (HANNAH UND IHRE SCHWESTERN, USA 1986), R: Woody Allen
HOUSE OF 1000 CORPSES (HAUS DER 1000 LEICHEN, USA 2003), R: Rob Zombie
HUMOR RISK (USA 1920?), R: Dick Smith
I LOVE LUCY (USA 1951-1957), CBS
LES ENFANTS DU PARADIS (KINDER DES OLYMP, F 1945), R: Marcel Carné. DVD: CMS Complete Media Services GmbH, D 2007
M*A*S*H (USA 1972-1983), CBS
 – S.01.E.06: „Yankee Doodle Doctor". R: Lee Philipps. DVD: Twentieth Century Fox Home Entertainment, D 2011
OTTO – DER FILM (D 1985), R: Xaver Schwarzenberger, Otto Waalkes
OTTO'S ELEVEN (D 2010), R: Sven Unterwaldt
ROOM SERVICE (USA 1938), R: William A. Seiter
SATURDAY NIGHT LIVE (USA 1975-?), NBC
SEVEN YEARS BAD LUCK (USA 1921), R: Max Linder
SIEBEN JAHRE PECH (D 1940), R: Ernst Marischka
SKIDOO (USA 1968), R: Otto Preminger
SWORDFISH (PASSWORT: SWORDFISH, USA 2001), R: Dominic Sena
TAKE THE MONEY AND RUN (WOODY, DER UNGLÜCKSRABE, USA 1969), R: Woody Allen
THE DEVIL'S REJECTS (USA 2005), R: Rob Zombie
THE FLOORWALKER (DER LADENAUFSEHER, USA 1916), R: Charlie Chaplin
THE HOUSE THAT SHADOWS BUILT (USA 1931)
THE JAZZ SINGER (DER JAZZSÄNGER, USA 1927), R: Alan Crosland

THE MARY TYLER MOORE SHOW (USA 1970-1977), CBS
THE STORY OF MANKIND (USA 1957), R: Irwin Allen
TINY TOON ADVENTURES (USA 1990-1992), CBS/Fox Kids
TWELVE MONKEYS (12 MONKEYS, USA 1995), R: Terry Gilliam
YOU BET YOUR LIFE (USA 1950-61), NBC